国家社会科学基金一般项目（22BGL174）

种粮大户供应链融资机制及实现路径研究

——以湖南省为例

罗迎 著

湘潭大学出版社
XIANGTAN UNIVERSITY PRESS

本书系2022年国家社会科学基金项目“基于供应链信用共同体的新型农业经营主体融资纾解机制与路径研究（22BGL174）”阶段性成果

前　言

2020年，在新冠疫情、蝗虫灾害、极端天气等因素影响下，国际粮食贸易出现较大波动，全球粮食安全形势愈发严峻。虽然我国粮食生产近十几年连年丰收，随着国民生活水平提高，人均口粮消费有所下降，但肉蛋奶的消费量不断增加，因此，我国粮食供求仍呈现紧平衡态势。此外，我国人多地少，耕地面积有限，迫切需要党和政府高度重视国家粮食安全。2021年中央“一号文件”首次明确提出“地方各级党委和政府要切实扛起粮食安全政治责任，实行粮食安全党政同责”，这实际上是将粮食安全问题的重视程度从经济层面上升到经济、社会与政治层面。保障粮食安全的首要任务是要确保粮食供给安全，也就是要狠抓粮食生产。目前以家庭农场、专业大户、合作社及农业企业等为代表的种粮大户成为粮食生产的骨干力量，是商品粮产出的主体，是确保国家粮食安全的主力军。

因信用体系不健全与管理不规范等原因，种粮大户与中小企业一样，面临“融资难、融资贵、融资慢”难题，如何创新融资模式，有效缓解种粮大户融资难题，成为保障粮食安全亟须解决的问题。而供应链融资是解决中小企业融资难题的重要途径，是基于供应链视角解决中小企业融资难题的一种模式，在制造业中已有较为成熟的应用，如何将其引入粮食产业，缓解种粮大户的融资难题，具有重要的理论和现实意义。纵观以往文献，以种粮大户为研究对象的文献不少，但大部分是从种粮大户正规借贷切入，且这些文献仅研究了种粮大户正规借贷的影响因素及福利影响等，将种粮大户放在供应链系统中考虑不足。为此，本书在以往研究的基础上，从供应链视角来探讨种粮大户融资问题，发现供应链融资可改善种粮大户的融资境况。本书主要工作及结论如下：

第一，分析供应链融资对种粮大户融资难题的作用机理，并从供应链系统角度与信贷配给角度展开分析。从供应链系统角度来看，在传统融资模式下，种粮大户作为单一个体向金融机构提出贷款申请，但在供应链融资模式下，是以整个供应链作为一个系统，并以核心企业的信用作为担保提出贷款申请，这就降低了交易成本，缓解了信息不对称，进而缓解种粮大户融资难题；从信贷配给角度来看，供应链融资模式使得种粮大户的有效需求增加，同时激励金融机构增加资金供给，进而缓解种粮大户融资难题。

第二，分析种粮大户的融资现状并对融资难题进行原因探析。目前种粮大户潜在融资需求大，但有效需求不足；农村金融资金充足，但有效供给不足；种粮大户"融资难、融资贵、融资慢"问题凸显。同时总结造成种粮大户的融资难题的主要原因是信息不对称、交易成本高、信用体系与担保体系不完善等。

第三，从交易成本视角切入，采用湖南省62个种粮大县413个近2年有过融资经历的种粮大户的调研数据，运用Logit模型实证分析种粮大户融资渠道的选择及其影响因素，并加入了"是否有营业执照"与"耕地平均流转成本"等控制变量。研究发现，种粮大户更倾向于正规金融机构融资；"是否有营业执照""是否需要担保服务"显著正向影响种粮大户选择正规金融机构融资的可能性；"耕地流转均价""来回趟次""等待天数""交通费"及"手续费"等显著负向影响种粮大户选择正规金融机构融资的可能性，这表明交易成本显著影响种粮大户融资渠道的选择，政府与金融机构应推动降低交易成本。采用湖南省62个种粮大县564个种粮大户的调研数据，运用Ologit模型实证分析种粮大户供应链融资意愿及其影响因素。研究发现，"是否了解粮食供应链""所在粮食供应链是否稳定""是否了解粮食供应链融资""是否享受政策保险""以往借贷还款情况"在不同显著水平上正向影响种粮大户选择供应链融资的意向，政府与金融机构应推动供应链融资相关知识的普及与订单粮食供应链的发展。

第四，构建由一个由资金约束的种粮大户与一个粮食加工企业组成的二级订单粮食供应链 Stackelberg 博弈模型，分别分析融资过程中无政府支持与有政府支持的情形下，资金约束的种粮大户供应链外部融资与供应链内部融资时种粮大户、粮食加工企业的最优决策；同时综合考虑了最低收购价政策的实施对种粮大户与粮食加工企业的影响，最后进行数值仿真分析。研究结果表明，不管是供应链内部融资还是外部融资情形下，供应链成员的福利均小于资金充足的情形，说明融资过程中产生的成本不容忽视；最低收购价政策的实施，使种粮大户的收入得以提高，增加了种粮大户的福利，进而提高种粮大户的种粮积极性，但另一方面可能降低粮食加工企业的利润，如何激励粮食加工企业积极实施最低收购价政策，迫切需要政府支持；在政府支持的种粮大户供应链内部融资情形下，种粮大户的收益是政府补贴率的严格凹函数，先随政府补贴率增加而增加，增加到一定值后随着政府补贴率的增加不增反减，所以应启动弹性补贴机制：当粮食价格弹性系数小于某一数值时，政府不应提供补贴，当价格弹性系数介于某一区间，政府应提供部分补贴，当价格弹性系数大于某一数值时，政府应提供全额补贴。

第五，供应链外部融资对供应链成员福利的改善优于供应链内部融资，所以在种粮大户供应链融资的实践中，应引入金融机构，以供应链外部融资为主，供应链内部融资为辅，以撬动更多的社会资本投入农业，投入粮食产业，保障国家粮食安全。

最后根据分析结论，从政府、金融机构、种粮大户等三个角度出发提出政策建议，为种粮大户“融资难、融资贵、融资慢”问题的解决提供参考。

目 录

第 1 章　绪论

1.1 研究背景与意义

1.1.1 研究背景

国家统计局公布的数据显示，2022 年全国粮食总产量 13731 亿斤，创历史新高①。自 2008 年以来，我国粮食播种面积一直稳定在 16 亿亩以上，单产不断提高，粮食产量始终保持在 1 万亿斤以上。目前，我国谷物自给率超过 95%，口粮自给率达到 100%，人均粮食占有量达到 480 公斤，比世界平均水平高出 37%（姜天骄，2019，南方日报评论员，2019）。短期来看，我国粮食安全形势持续向好，但是从长远来看，我国粮食供求紧平衡呈现长期态势，粮食安全形势依然严峻（肖国安等，2011；曾福生等，2017）。

习近平总书记高度重视粮食安全，近年来多次在不同场合强调粮食安全的重要性，部分摘录如表 1－1 所示。习近平总书记这一系列关于粮食安全的讲话实际上明确了要重视与保障粮食生产，打造粮食品牌，推进粮食供给侧结构性改革，促进粮食产业适度规模发展的基本方向。2020 年新冠疫情席卷全球使得国际粮食贸易局势变得异常严峻，全球 18 个国家禁止粮食出口，20 多个国家增加粮食储备。2022 年 3 月，受俄乌冲突影响，国际局势

① 数据来源于国家统计局。

陡然紧张，这些外部环境变化深刻影响全球粮食贸易形势。虽然我国粮食十几年连年丰收，但随着生活水平提高，国民肉蛋奶消费量增加，导致最终粮食需求量持续增加；同时，由于人多地少，耕地面积有限，这就要求党和政府要更加重视粮食安全问题。2021 年中央“一号文件”首次明确提出“地方各级党委和政府要切实扛起粮食安全政治责任，实行粮食安全党政同责”（中共中央 国务院关于全面推进乡村振兴加快农业农村现代化的意见，2021），这实际上是将粮食安全问题的重视程度仅从经济层面提高到经济、社会与政治层面。保障粮食安全的首要任务是要保障好粮食供给安全，而保障供给安全的首要任务是要狠抓粮食生产。

粮食产业适度规模发展催生了一大批专业大户、家庭农场、农民合作社等经营主体，种粮大户是商品粮产出的主体，是确保国家粮食安全的主力军（姚增福，2011；朱颖，2012）。由于农业易受气候等条件影响，产出具有不确定性，同时农业生产资料价格逐年上涨，土地流转成本也逐渐增高，人工成本逐年增加，农机具购置费用高，且农业社会化服务不完善，应加大对种粮大户的融资支持。尽管粮食生产者迫切需要高效率的融资来缓解他们面临的抗风险能力弱、缺乏抵押物，备耕生产时间短，资金需求急，容易产生周转资金不足的不利情形，但正规金融机构惜贷情形时常发生，“融资难、融资贵、融资慢”问题凸显（刘清娟，2012），暴露出金融资本“嫌贫爱富”的本质（王小华等，2021）。

虽然农户融资难题凸显，但农村金融资金充足（鲍曙光等，2021），1978—2012 年从农村向城市净流出的资金达 266627.58 亿元，金融机构是抽离农村资金的主力军（周振等，2015），农村金融素养的匮乏和城乡基础设施的差距是农村资金外流的深层次原因（钟腾等，2020）。然而，农户融资难题凸显（曹明宏等，2019），难以破解。农户缺乏金融机构认可的抵押物是金融机构惜贷的主要原因（林毅夫，2006），为此学者们探索了农地经营权抵押及担保模式（高小刚等，2019；吴一恒等，2020；白洋等，2021），但这些模式存在抵押权实现难的问题，需要附加其他抵押担保条件（阎竣等，2020），在农地抵押担保贷款过程中增设新机制和新障碍（顾庆康等，2021），并不能很好地解决农户的融资难题。

表1-1　近年来习近平总书记关于粮食及粮食安全的部分论述

年月	会议/考察	内容
2013. 11	山东考察	保障粮食安全是一个永恒的课题，任何时候都不能放松。
2014. 5	河南考察	粮食生产根本在耕地，命脉在水利，出路在科技，动力在政策，这些关键点要一个一个抓落实、抓到位，努力在高基点上实现粮食生产新突破。
2014. 9	中央全面深化改革领导小组第五次会议	要尊重农民意愿，坚持依法自愿有偿流转土地经营权，不能搞强迫命令，不能搞行政瞎指挥，要坚持规模适度，重点支持发展粮食规模化生产。
2015. 2	中央财经领导小组第九次会议	保障粮食安全，要加快转变农业发展方式，推进农业现代化，既要实现眼前的粮食稳定，又要形成新的竞争力，注重可持续，增强政策精准性。
2015. 5	华东七省市党委主要负责同志座谈会	要着眼于加快农业现代化步伐，在稳定粮食和重要农产品产量、保障国家粮食安全和重要农产品有效供给的同时，加快转变农业发展方式，加快农业技术创新步伐，走出一条集约、高效、安全、持续的现代农业发展道路。
2015. 7	吉林考察	国家要加大对粮食主产区的支持，实现粮食主产区粮食生产发展和经济实力增强有机统一、粮食增产和农民增收齐头并进。粮食要打出好品牌。
2016. 5	黑龙江考察	粮食安全是国家安全的重要基础，要创新粮食生产经营模式，落实各项扶持政策，保护农民种粮积极性，着力提高粮食生产效益。
2018. 9	黑龙江考察	中国粮食，中国饭碗。中国人的饭碗任何时候都要牢牢端在自己手上。
2019. 3	十三届全国人大二次会议河南代表团审议	要扛稳粮食安全这个重任。确保重要农产品特别是粮食供给，是实施乡村振兴战略首要任务。
2019. 9	河南考察	牢牢抓住粮食这个核心竞争力，不断调整优化农业结构，深入推进优质粮食工程，突出抓好耕地保护和地力提升，加快推进高标准农田建设，做好粮食市场和流通的文章。
2020. 5	山西考察	要着力夯实农业农村基础，加大粮食生产政策支持力度，深入推进农业供给侧结构性改革。

续表

年月	会议/考察	内容
2020. 7	吉林考察	我十分关心粮食生产和安全，要毫不放松抓好粮食生产，加快转变农业发展方式，要积极扶持家庭农场、农民合作社等新型农业经营主体，在探索现代农业发展道路上创造更多经验。
2020. 12	中央农村工作会议	五谷者，万民之命，国之重宝。”我反复强调，粮食多一点少一点是战术问题，粮食安全是战略问题。今年应对新冠疫情，粮食和重要农副产品供给充裕功不可没，充分印证了这一点。
2021. 12	中央经济工作会议	我反复讲，中国人的饭碗任何时候都要牢牢端在自己手中，我们的饭碗应该主要装中国粮。
2022. 4	海南三亚调研	要围绕保障粮食安全和重要农产品供给集中攻关，实现种业科技自立自强、种源自主可控，用中国种子保障中国粮食安全。
2022. 6	给种粮大户的回信	手中有粮，心中不慌。对粮食生产，我一直都很关注，基层调研时也经常到田间地头看一看。这些年，党中央出台了一系列支持粮食生产的政策举措，就是要让中国人的饭碗牢牢端在自己手中，就是要让种粮农民有钱挣、得实惠，日子越过越好。希望种粮大户发挥规模经营优势，积极应用现代农业科技，带动广大小农户多种粮、种好粮，一起为国家粮食安全贡献力量。
2022. 10	中国共产党第二十次全国代表大会	全方位夯实粮食安全根基，全面落实粮食安全党政同责，牢牢守住十八亿亩耕地红线，逐步把永久基本农田全部建成高标准农田，深入实施种业振兴行动，强化农业科技和装备支撑，健全种粮农民收益保障机制和主产区利益补偿机制，确保中国人的饭碗牢牢端在自己手中。
2023. 3	十四届全国人大一次会议江苏代表团审议	要严守耕地红线，稳定粮食播种面积，加强高标准农田建设，切实保障粮食和重要农产品稳定安全供给。要把产业振兴作为乡村振兴的重中之重，积极延伸和拓展农业产业链，培育发展农村新产业新业态，不断拓宽农民增收致富渠道。

为促进农业、农村发展，近年来国家出台许多关于支持农村金融的政策文件，梳理近5年关于国家支持农村金融的主要文件如表1-2所示。从表1-2中可看出，国家在积极推进农村土地经营权抵押贷款、农机具、农业设施设备抵押贷款，也在加大对农业新型经营主体保险与担保的支持力度。同时，国家也在积极推进农业供应链金融的发展，比如“支持金融机构开展适合新型农业经营主体的订单融资和应收账款业务[①]，创新订单、仓单、存货、应收账款融资等供应链金融产品[②]”。2017年国家首次将供应链的创新与应用上升为国家战略，并指出“要积极稳妥发展供应链金融，提升供应链服务水平，推动供应链金融服务实体经济”[③]（国务院办公厅关于积极推进供应链创新与应用的指导意见，2017）。供应链金融是投融资模式创新的一种类型，可借助供应链金融解决小微企业“融资难”和“融资贵”问题，是从供应链视角解决小微企业融资难题的一种方式（陈晓红等，2008；陈志新，2016），农业供应链金融是农村金融改革的主要方向之一（蒋伯亨等，2021）。部分研究探索发现，从供应链视角出发，发现其可改善合同农户的融资境况，供应链融资可缓解农户信贷难题（朱娟等，2007；马九杰，2008）。但从供应链融资视角解决种粮大户融资问题的研究少，缺乏系统理论的研究。

① 来源于2017年中央一号文件《中共中央、国务院关于深入推进农业供给侧结构性改革加快培育农业农村发展新动能的若干意见》。

② 来源于2021年人民银行、中央农办、农业农村部、财政部、银保监会和证监会发布的《关于金融支持新型农业经营主体发展的意见》（银发〔2021〕133号）。

③ 来源于2017年《国务院办公厅关于积极推进供应链创新与应用的指导意见》（国办发〔2017〕84号）。

表 1 - 2 近 5 年国家关于支持农村金融的政策文件

年份	文件	内容
2017	中央一号文件	开展农民合作社内部信用合作试点，鼓励发展农业互助保险。推进信用户、信用村、信用乡镇创建。支持金融机构开展适合新型农业经营主体的订单融资和应收账款融资业务。深入推进承包土地的经营权和农民住房财产权抵押贷款试点，探索开展大型农机具、农业生产设施抵押贷款业务。积极推动农村金融立法。
2018	中央一号文件	更好满足乡村振兴多样化金融需求。要强化金融服务方式创新，防止脱实向虚倾向，严格管控风险，提高金融服务乡村振兴能力和水平。普惠金融重点要放在乡村。
2019	中央一号文件	打通金融服务“三农”各个环节，建立县域银行业金融机构服务“三农”的激励约束机制，实现普惠性涉农贷款增速总体高于各项贷款平均增速。
2020	中央一号文件	发挥全国农业信贷担保体系作用，做大面向新型农业经营主体的担保业务。稳妥扩大农村普惠金融改革试点，鼓励地方政府开展县域农户、中小企业信用等级评价，加快构建线上线下相结合、“银保担”风险共担的普惠金融服务体系，推出更多免抵押、免担保、低利率、可持续的普惠金融产品。抓好农业保险保费补贴政策落实，督促保险机构及时足额理赔。
2021	中央一号文件	支持市县构建域内共享的涉农信用信息数据库，用3年时间基本建成比较完善的新型农业经营主体信用体系。大力开展农户小额信用贷款、保单质押贷款、农机具和大棚设施抵押贷款业务。鼓励开发专属金融产品支持新型农业经营主体和农村新产业新业态，增加首贷、信用贷。提高农业信贷担保规模。健全农业再保险制度。

续表

年份	文件	内容
2018	乡村振兴战略规划（2018—2022年）	鼓励证券、保险、担保、基金、期货、租赁、信托等金融资源聚焦服务乡村振兴。完善涉农贴息贷款政策，降低农户和新型农业经营主体的融资成本。加快完善“三农”融资担保体系，充分发挥好国家融资担保基金的作用，强化担保融资增信功能。探索开展适合新型农业经营主体的订单融资和应收账款融资，以及农业生产设备、设施抵押贷款业务。
2019	央行等5部门关于金融服务乡村振兴的指导意见	要更好发挥财政资金的支持和撬动作用，围绕藏粮于地、藏粮于技，做好国家粮食安全金融服务，以国家确定的粮食生产功能区、重要农产品生产保护区和特色农产品优势区为重点，创新投融资模式。
2020	中央农办等7部门关于扩大农业农村有效投资加快补上“三农”领域突出短板的意见	抓紧出台普惠金融支持新型农业经营主体发展的政策举措，创新金融产品和服务，拓宽抵质押物范围。大力发展对新型农业经营主体的信用贷、首贷业务。鼓励金融机构对受新冠疫情影响、符合条件的涉农企业和主体，实施延期还本付息政策。切实发挥好全国农业信贷担保体系作用，稳步做大政策性业务规模。
2020	商务部等8部门关于进一步做好供应链创新与应用试点工作的通知	充分利用供应链金融服务实体企业。支持试点企业基于真实交易场景，根据需要开展应收账款、仓单、存货质押和预付款融资。提高企业应收账款的透明度和标准化，持票企业可通过贴现、标准化票据融资。金融机构要创新供应链风险识别和风险管理机制，建立基于核心企业、真实交易行为、上下游企业一体化的风险评估体系，提升金融供给能力，快速响应企业的结算、融资和财务管理需求。
2021	央行等6部门关于金融支持新型农业经营主体发展的意见	银行业金融机构要积极推广农村承包土地的经营权抵押贷款，支持农机具、保单等依法合规抵押质押融资。在有效防范风险的前提下，鼓励农业产业化龙头企业、农民合作社及其联合社为其带动的家庭农场、农户等提供担保增信，创新订单、仓单、存货、应收账款融资等供应链金融产品，探索开展“托管贷”业务。

1.1.2 研究意义

（1）理论意义

第一，可扩展农村金融相关理论。目前，农村金融供给与需求极度不匹配，农户储蓄不少，但是农村金融供给较少，农村基础设施建设及农业投资需求大，尤其是近年来农业新型经营主体不断涌现，农业规模化与现代化发展对资金需求更大，但农业投资回报率较工业低，投资周期长，生产具有周期性，易受自然条件影响，且缺乏金融机构认可的抵押物，有效需求与有效供给不足，新型农业经营主体如种粮大户的“融资难、融资贵、融资慢”问题凸显。而供应链融资在制造业中运用较为成熟，结合农业及粮食产业的特殊属性，可引入供应链融资缓解种粮大户融资难题。本书探索了供应链融资模式的机理，发现其有助于缓解种粮大户融资难题，这有助于丰富农村金融理论。

第二，为种粮大户供应链融资提供数值仿真支持。以往研究对制造业供应链金融的研究较多，本书在此基础上，结合农业与粮食产业的特殊属性，综合对比了无政府支持的种粮大户供应链融资及政府支持的种粮大户供应链融资两种情形，分别分析了供应链外部融资及供应链内部融资两种方式，为种粮大户供应链融资提供路径参考。

（2）现实意义

近 20 年来，随着城镇化与经济的发展，大量农民工进城务工，务农的中青年较少，抛荒撂荒现象时有发生，为保障国家粮食安全，国家各级政府出台土地流转政策，为农业规模化经营奠定基础，因此涌现出大量种粮大户，且种粮大户是商品粮的主要供给者。本书以种粮大户融资为研究对象，重点关注如何缓解其融资难题，现实意义如下：

第一，为缓解种粮大户“融资难、融资贵、融资慢”问题提供对策思路。本书紧扣习近平主席关于“粮食安全”的重要讲话和“供应链创新发展”国家战略，为实现“牢牢把饭碗端在自己手上”，以种粮大户为抓手，保障国家粮食供给。但由于农业基础设施薄弱，农业社会化服务供给较少，种粮大户在生产经营中面临融资难题，而种粮大户与中小企业的特征类似，结合粮食产业的特殊属性，从供应链视角切入，考虑如何缓解种粮大户融资难题，分析了供应链融资对种粮大户融资影响的机理，并进行数理模型探索提出可实现的路径，为种粮大户供应链融资提供对策思路。

第二，为保障我国粮食安全问题提供新的政策视角。传统的保障粮食安全问题的思路主要在于提高粮食供给，但是很少关注粮食生产者，随着人们生活水平的提高，对粮食安全提出了质量安全、营养安全、多样化保障等要求。在此背景下，应将粮食生产者纳入粮食供应链中，系统分析供应链成员的决策，通过订单农业的推广，为粮食数量安全、质量安全、营养安全、多样化要求等提供坚实保障。

第三，为国家及地方政府促进粮食产业健康发展和乡村振兴制订金融支持政策提供理论参考依据。由于粮食具有公共品属性，粮食产业发展中，政府在粮食生产、流通过程中都需要伸出“有形之手”进行调控，既不能损害粮食生产者的种粮积极性，又不能将全部财政资金悉数投入粮食产业，因此，如何发挥政府财政资金的引领和撬动作用成为大家关注的重点。文中供应链融资模式或将成为政府以少量财政资金撬动大量社会资金积极投入粮食产业的有效途径，既增加了粮食供应链的可靠性和稳定性，促进了粮食产业健康发展，又发挥了政府的调控作用，保障粮食安全。

1.2 概念界定

1.2.1 种粮大户

种粮大户是通过土地流转获得规模经营所需的耕地，进而进行规模化粮食种植的自然人、法人、专业合作组织或其他组织。农业农村部规定，种粮大户的认定标准为南方流转耕地面积30亩以上，北方流转耕地面积100亩以上。目前种粮的新型经营主体有专业大户、家庭农场、专业合作社、农业产业化企业等形式。主要种植作物为粮食作物，包括水稻、小麦、玉米三大主粮、马铃薯、红薯、大豆、高粱等其他粮食品种。种粮大户应规范土地流转过程，与耕地出让方签署书面流转合同，议定流转年限及价格等。粮食适度规模经营应以家庭农场、粮食合作社等新型农业经营主体为主而非强力资本主体（尚旭东等，2017）。种粮大户作为新型农业经营主体的重要组成部分，是国家粮食数量安全的主力军，应积极借助“好种粮”政策红利，积极种好粮。由于本书研究的议题是基于供应链视角的种粮大户融资问题，一般来说流转耕地面积越大，其融资需求越大，因此，本书考虑的种粮大户为流转耕地面积在30亩及30亩以上，进行规模化粮食种植的自然人、法人、专业合作组织或其他组织，包括专业大户、家庭农场、专业合作社及农业企业等形式。

1.2.2 供应链融资

很多学者对供应链金融进行了定义，其中国外具有代表性的是Hofmann（2005）给出的定义，认为“供应链金融是一种为供应链中包括外部服务提供者在内的两个以上的组织，通过计划、执行和控制金融资源在组织间的流动，以共同创造价值的途径”。Luca等（2016）总结了2000年至2014年的期刊和会议论文得出关于供应链金融定义的文章对其定义分别从“以金融为导向”与“以供应链导向”展开。吴敬琏（2009）指出“供应链金融是指商业银行站在供应链全局的高度，为协调供应链资金流、降低供应链整体财务成本与系统风险而提供的系统性的金融解决方案”。宋华（2015）认为“供应链金融是一种集物流运作、商业运作和金融管理为一体的管理行为和过程，其将贸易中的买方、卖方、第三方物流以及金融机构紧密地联系在一起，实现用供应链物流盘活资金，同时用资金拉动供应链物流的作用；而在这一过程中，金融机构如何更有效地嵌入供应链网络，与供应链经营企业相结合，实现有效的供应链资金运行，同时又能合理地控制风险，成为供应链金融的关键问题”。随着经济社会发展和技术进步，供应链金融持续创新，其内涵在不断丰富，段伟常（2018）定义了广义供应链金融，认为“实体经济中所有涉及供应链相关的融资行为，几乎都可纳入供应链金融内涵中”。可看出国内外学者将供应链与金融的结合都是首先从供应链融资开始的，供应链融资是供应金融最基础的功能（宋华，2015），且供应链金融的范畴大于供应链融资（深圳发展银行，2009）。供应链核心企业是供应链竞争的主角，核心企业的信用是供应链金融的逻辑起点，是节点企业信用的来源，也是供应链信用之锚（段伟常，2018）。央行等八部委《关于规范发展供应链金融 支持供应链产业链稳定循环和优化升级的意见》（银发〔2020〕226号）明确“供应链金融是指从供应链产业链整体出发，运用金融科技手段，整合物流、资金流、信息流等信息，在真实交易背景下，构建供应链中占主导地位的核心企业与上下游企业一体化的金融供给体系和风险评估体系，提供系统性的金融解决方案，以快速响应产业链上企业的结算、融资、财务管理等综合需求，降低企业成本，提升产业链各方价值。”

从上述分析可看出，文中文献梳理同时运用“供应链金融”与“供应链融资”两种表述，由于供应链金融在农业领域的应用尚未成熟，目前涉及的仅为供应链金融的基本功能，也即供应链融资，后续讨论中只运用“供应链融资”的表述。陈晓红等（2008）将供应链融资定义为“依托供应链展开，融资方式中既有基于贸易的，也有基于供应链上下游企业的，完成供应链融资，既需要通过银行等金融机构来实现，也可以不通过金融机构而由企业之间的商业信用来实现，其不仅仅包含了传统意义上的贸易融资，还包括了以整个供应链为考察对象的金融服务、以供应链中的主导企业信用为参考的金融服务以及企业之间互相支持的金融活动等”，并认为“供应链融资更注重供应链核心企业与上下游企业之间的紧密合作关系，为解决中小企业融资问题提供了新的路径”。企业自有资金不足，存在资金约束时，往往希望通过融资满足资金需求。许多学者将供应链融资分为外部融资和内部融资两类（陈祥锋，2008；Chod，2016；Tunca等，2017；Luo等，2020），外部融资是指由供应链企业以外的银行等金融机构提供融资服务（Tang等，2017；郭娜等，2020），内部融资是指供应链上下游成员提供融资服务（Deng等，2018；史立刚等，2020），常见的方式有贸易信用合同（黄建辉等，2018；谢家平等，2018；王文利等，2018；刘露等，2020；Yu等，2021;）、预付款（王文利等，2014；马中华等，2015；钱佳等，2016；赵亮等，2018；杨浩雄等，2019;）、延期支付（郭金森等2018；张冲等，2019；燕汝贞等2019；张冲等，2020）、预售（刘英等，2018；李电生等，2019）等形式。许多外文文献将“外部融资”记为“Bank finance”，将“内部融资”记为“Supplier finance”“Manufacturer finance”或“Buyer finance”等。

综合以往研究，本书将供应链融资定义为中小企业或农业新型经营主体基于供应链视角进行的融资活动，将供应链作为一个整体，第三方物流与金融机构都参与，整合供应链上的物流、资金流与信息流，供应链成员向供应链上下游成员或以供应链核心企业的信用向金融机构的融资行为统称为供应链融资，包括内部融资和外部融资两种方式，其中内部融资是指向供应链间上下游成员进行融资，外部融资是指借助供应链核心企业的信用，向供应链以外的金融机构融资。供应链融资是供应链金融的最基础的功能。

1.3 研究思路与研究内容

1.3.1 研究思路

紧扣种粮大户供应链融资这一中心问题，本书按照“问题提出 - 现状分析 - 机理分析 - 实证分析 - 实现路径 - 结论与建议”的逻辑框架开展。第一，阐明基于供应链视角的种粮大户融资研究的背景和意义，对种粮大户、供应链融资等相关概念进行界定，梳理国内外相关研究文献。第二，分析供应链融资对种粮大户融资难题的作用机理。第三，分析种粮大户的融资现状并根据调研结果进行初步的统计分析。第四，运用 Logit 模型与 Ologit 模型，实证分析种粮大户融资渠道的选择与种粮大户供应链融资的意愿。第五，探讨供应链融资的实现路径，分别对种粮大户供应链外部融资与内部融资进行了数理建模并仿真模拟。第六，基于前几章分析，提出促进种粮大户供应链融资的对策建议。本书具体研究思路如图 1 - 1 所示。

1.3.2 研究内容

本书一共包括 7 个章节，第 1 章为绪论。第 2 章为相关理论及文献综述。第 3 章为供应链融资对种粮大户融资难题的作用机理分析。第 4 章为种粮大户融资现状分析及融资难题原因探析，第 5 章为实证分析，从交易成本的角度入手，利用 Logit 模型分析种粮大户的融资渠道选择的影响因素，得到影响种粮大户融资渠道选择的主要因素；利用 Ologit 模型分析种粮大户供应链融资意愿和融资需求，得到影响种粮大户供应链融资意愿和融资需求的主要因素。第6章为种粮大户供应链融资路径优化研究，分别考虑了无政府支持的情形与政府支持的情形，且在这两种情形下分别考虑了供应链外部融资及供应链内部融资两种模式；其中，政府支持的供应链外部融资中，“政银保”共同参与，共担风险，并由政府给予贷款行为及保险一定补贴；在供应链内部融资中，风险也进行了分担，引入了政府与保险机构；在供应链内部融资中，进一步探讨了使得社会福利最大化的政府补贴机制。第7章为基本结论及政策建议。

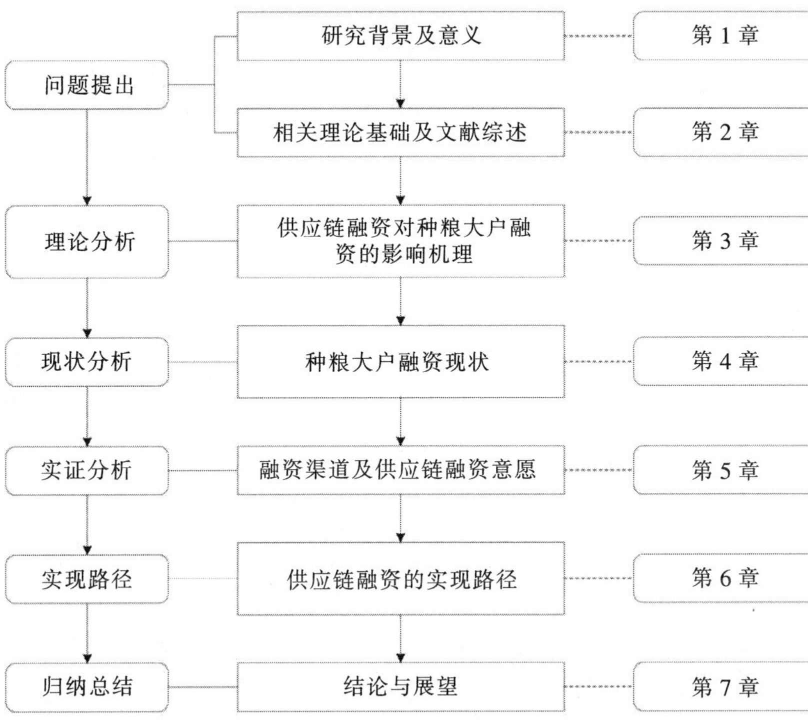

图1-1　本书研究技术路线

1.4 研究方法和创新点

1.4.1 研究方法

本书综合运用农村金融、信贷配给及金融约束理论、制度经济学等理论，采取理论与问卷调查、部分访谈相结合、理论与实证研究相结合、理论与数理模型及仿真相结合的研究方法，对具体问题采取以下研究方法。

（1）文献研究方法。利用各种渠道广泛查阅国内外相关文献资料，跟踪了解关于粮食及粮食安全、种粮大户、农业供应链金融、订单农业等基本研究的现状，掌握国内外关于种粮大户融资相关理论的最新前沿动态，重点分析关于种粮大户、农业供应链金融及订单农业的相关文献，为本书提供参考借鉴。

（2）归纳分析法。结合文献研究，对不同主题的文献进行分门别类，追寻最新研究方向，总结本书研究的理论意义，分类整理本书相关的理论基础；通过归纳总结分析农村金融理论、金融约束及融资理论、制度经济学理论分析农村金融理论、金融约束及融资理论、制度经济学理论，提出本书种粮大户“融资难、融资贵、融资慢”的基本假设；在实证分析与数理模型仿真的基础上，从降低交易成本，减少信息不对称、降低道德风险及逆向选择的概率的视角总结提出缓解种粮大户“融资难、融资贵、融资慢”的政策建议。

（3）统计方法。由于公开的数据库中的资料关于农户及粮食生产者的融资数据较少，本书采用问卷调查及部分访谈获得样本数据，运用 SPSS 及 Stata 等统计计量软件进行分析；运用 Logit 模型，从交易成本的视角切入，分析影响种粮大户融资渠道选择的因素；运用 Ologit 模型，分析种粮大户供应融资意愿及其影响因素。

（4）数理建模方法。调研数据显示，样本数据中近 80% 的种粮大户愿意选择供应链融资，在此基础上，建立有、无政府支持的种粮大户供应链融资的数理模型，给出种粮大户供应链融资的实现路径、种粮大户的最优决策及粮食加工企业的最优决策。

（5）数值仿真法。在数理模型分析的基础上，为进一步验证数理模型分析得到的命题与推论，运用数值仿真的方法对其进行验证；同时，为验证模型的可靠性，进行了敏感性分析。

1.4.2 创新点

本书的创新之处体现在以下三个方面：

（1）从研究对象来看，本书抓住中国目前以家庭农场、合作社、专业大户及农业企业为代表的种粮大户大幅度增加这一经济现象，从种粮大户“融资难、融资贵、融资慢”问题切入，以种粮大户融资为研究对象，从供应链视角切入，以确保国家粮食数量与供给安全为目标，这是对以往研究进行深化。书中论证了运用供应链融资缓解种粮大户“融资难、融资贵、融资慢”问题的可行性及可操作性，可为我国“谷物基本自给、口粮绝对安全”的粮食安全国家战略的实施提供参考。

（2）从研究思路来看，以往的研究关于种粮大户的信贷问题都是从实证方面入手，主要关注种粮大户的正规信贷的识别及决定因素，种粮大户的融资意愿及融资需求，种粮大户借贷行为对福利的影响，种粮大户正规信贷需求与供给规模的影响因素及农地抵押对种粮大户信贷的影响等问题，这些研究并未探究从供应链视角来解决种粮大户的“融资难、融资贵、融资慢”问题。但供应链融资在制造业中运用已较为成熟，是解决中小企业融资难题的有效途径，本书将结合粮食及粮食安全的公共品属性，建立数理模型分析种粮大户供应链融资的实现路径并进行数值仿真，分析论证了供应链融资可缓解种粮大户的融资难题。这一研究思路可为缓解种粮大户融资难题的研究提供新的启示。

（3）从研究方法来看，在以往研究的基础上进行了三点改进。一是本书综合运用一手数据与相关统计的二手数据，通过调研得到种粮大户融资现状的一手数据。二是在实证分析中，虽然遵循以往实证模型中核心变量与控制变量的设计，但在控制变量中加入了“是否有营业执照”及“耕地平均流转成本”，探究目前家庭农场备案登记制度对融资渠道选择及供应链融资意愿的影响。三是在数理模型上，借鉴了在制造业运用成熟的供应链融资模式，但是结合粮食的公共品属性及农业生产的弱质性，在模型中引入“产出随机因子”来衡量粮食产出的不确定性，同时将政府与保险机构纳入模型中，一方面提高种粮大户的种粮积极性，另一方面化解部分农业产出不确定风险。

第 2 章　文献综述

梳理国内外相关文献，从粮食与粮食安全、种粮大户规模经营、种粮大户信贷融资、农业供应链金融及订单农业供应链等五个方面展开，归纳总结出本书的研究方向。

2.1 国内外研究现状

2.1.1 关于粮食及粮食安全的研究

马克思高度重视粮食安全问题，在其著作中多次提及粮食问题。而厘清粮食属性是研究粮食问题的基础，关付新（2017）认为粮食具有社会属性、经济属性与自然属性，并分别具有公共品属性、私人物品、自然资源的性质。肖国安（2005）、肖国安（2007）、丁声俊（2011）均认为粮食及粮食安全都具有公共品属性。同时粮食不单单只具有准公共品属性，其金融品属性及战略品属性不容忽视（Maxwell，1996；Barrett 等，2002；Rosegrant 等，2003；Schmidhuber 等，2007；Godfray 等，2010；时寒冰等，2015；卞靖，2020）。粮食是国家战略的基础，但粮食首先应保障国民需要，然后才能用于国际战略，否则会引发生存危机。本书也认为粮食及粮食安全都具有公共品属性。

农地流转是实现农业现代化与保障粮食安全的前提，但要解决新型农业经营主体的“非农化”“非粮化”生产行为（Lang 等，2012；曾福生，2015；Alonso 等，2018；Prosekov 等，2018）。粮食安全是国家安全的基石，也是乡村振兴的基础，新时期应树立新的粮食安全理念（谢高地等，2017；王济民等，2018；张义博，2020；崔宁波等，2020；杜志雄等，2020；蒋和平等，2020）。虽然我国粮食产量连年增加，粮食安全当前处于较高水平且近年不断提升（张元红等，2015），但粮食供求一直呈现紧平衡态势（沈强，2006；曹宝明等，2007；王文涛，2013；尚强民，2014），为保障我国粮食安全，首先要树立粮食安全观，然后从数量、质量等方面保障粮食安全，而目前种粮大户是保障粮食数量安全的生力军，关注种粮大户融资状况具有现实意义。

2.1.2 关于种粮大户规模经营的研究

相对于传统的小农分散生产模式而言，农业规模经营是实现农业现代化的必由之路（Knisel，1980；Audsley 等，2006；Nolte，2014）。通过流转耕地，利用资本、技术、劳动力等生产要素实现规模化、集约化经营，优化资源配置，实现收入的增加与生产效率的提高。规模经济是指通过生产规模的扩大使得经济效益增加的现象（平新乔，2001；朱信凯等，2015；卫荣，2017）。通过社会分工，使得专业化程度提高，专业化程度越高，生产者的劳动熟练程度提高，从而提高生产效率，促进规模经济发展。但根据规模报酬递减规律，规模经济仅在特定区域里才能实现（Klavon & Lansing，2013；Osabuohien，2014；Ollerton 等，2014）。随着城镇化进程加快，青壮年劳动力从事粮食生产的比例越来越少，应大力培育种粮大户和农民种粮合作社两类新型主体（陈洁，2012），要推动新型职业农民培育，加强新型职业农民与种粮大户、家庭农场、农民专业合作社等的衔接，在财政、优惠、保险等政策和制度上做好衔接，促进产供销一体化发展，充分发挥新型农业经营主体的带动作用（陈建伟，2019）。种粮大户在规模化经营过程中，通过专业化分工，购买部分农业社会化服务，集中更多精力聚焦粮食生产，但目前种粮大户发展过程中存在社会化服务不足等情况（陈洁 & 罗丹，2012；夏蓓等，2016；夏蓓，2017；张士云等，2020），应大力推进农业社会化服务供给侧结构性改革（刘大鹏等，2019；张晖，2020）。

根据微观经济学的规模报酬理论，种粮大户规模化经营能获取规模报酬，但边际报酬递减，多以种粮大户规模化经营并不是规模越大越好，不应盲目扩大规模（Daloĝlu 等，2014；江激宇等，2016；张磊等，2019；罗小娟等，2019），应提倡适度规模经营（陈运雄等，2019；周静等，2019；张倩月等，2019；张应良等，2020），更应注重培养种粮大户的农业科技素质和农场经营管理能力（Cabral 等，2013；Mishchuk，2016；Dias & Franco，2018），同时要构建农业社会化服务体系（Garrido，2007；Nikolaeva，2018；Sakovska，2020），如超过1000亩的大户应引入职业经理人，实行企业化经营管理（朱丽娟等，2018）。钱克明等（2014）给出了适度规模的最小值、最大值和目标值确定的方法。粮食适度规模经营有力地维系我国粮食安全，而粮食适度规模经营应以家庭农场、粮食合作社等新型农业经营主体为主而非强力资本主体（尚旭东等，2017）。种粮大户目前的经营存在的问题是“地难弄，钱难找，人难请，天难测”（任晓娜，2015），应对种粮大户的社会身份进行准确定位，小农户和种粮大户种植经营行为的区别在于“企业”与“个人”的区别，而非大农与小农的区别，应将对小微企业的各项扶持政策落实到种粮大户身上（任晓娜等，2015）。

2.1.3 关于种粮大户信贷融资的研究

农村借贷的需求方主要是种粮大户，借贷规模的直接决定因素是种粮效益，一般来说，种粮大户流转的耕地面积越大，其借贷需求越大（李欣怡等，2019）。耕地流转价格、农业基础设施、金融成本、耕地流转时间、粮食价格等因素直接影响种粮大户的融资需求，种粮大户的借贷意愿及借贷需求高于普通农户，但目前借贷规模小，难以满足实际需求（夏蓓等，2016；李欣怡等，2019）。齐春雷（2016）发现家庭人口负担率、家庭人数等因素决定需求配比，而家庭固定资产、信用记录、农业收入占总收入比重等因素决定供给配比。在此基础上，宁国强等（2017）、罗振军（2017）、罗振军等（2018）分析了种粮大户正规信贷需求与供给规模的影响因素、种粮大户的借贷行为及其福利效果、不同规模种粮大户的融资需求意愿及融资需求，认为家庭拥有耕地面积、家庭非生产性资产价值、家庭非农业收入对种粮大户正规信贷需求规模有显著影响，种粮大户的借贷行为提高了福利水平，且正规渠道借贷显著正向影响种粮大户的农业收入及生产支出。

信贷对种粮大户（家庭农场）意义重大，其发展离不开必要的资金支持（Nwankw，2013；Kunkel & Peterson，2020；Onyiriuba 等，2020）。可金融资本更倾向于将资金分配给投资回收期短且回报率高的部门（Hoppe & Banker，2006；Hartarska & Mai，2008；Kołoszko－Chomentowsk，2014），而不愿意投向农业部门（Adeshina 等，2020；Alao 等，2020；Zhang，2020），因此，对农业、对种粮大户来说最大的问题就是资金不足（vanovic 等，2007；Varga & Sipiczki，2015；Zafar 等，2015；Ocasio，2016；Lestari，2019）。据统计，种粮大户的信贷约束严重，65.7%的种粮者受信贷需求抑制（魏昊等，2018），30%的种粮者受正规信贷约束（王晶等，2018）。信贷约束使得种粮大户无法实现最优规模生产，而种粮大户在保障粮食安全中发挥着重要作用，应加大对种粮大户的融资支持，解决融资难题（刘清娟，2012）。

彭魏倬加等（2018）指出专业大户的农村土地经营权抵押融资需求意愿强烈。戴琳等（2020）探索了农地抵押对种粮大户信贷约束的影响，认为农地抵押贷款的开展对种粮大户信贷约束程度影响较为显著。但农地抵押对信贷约束的影响在学术界一直存在争议，部分学者认为农地抵押可缓解农户正规信贷约束（张龙耀等，2015；杨丹丹等，2018），另一部分学者认为不存在显著影响（Hare，2008；Menkhoff 等，2011），还有部分学者认为其影响具有差异性（牛荣等，2016）。实践中，种粮大户的农机具、农房、地上附着物等都可以作为抵押物（朱新法，2016）。2021 年 5 月，人民银行、中央农办、农业农村部、财政部、银保监会和证监会发布的《关于金融支持新型农业经营主体发展的意见》（银发〔2021〕133 号）指出"金融机构要积极推广农村承包土地的经营权抵押贷款，支持农机具和大棚设施、活体畜禽、养殖圈舍以及农业商标、保单等依法合规抵押质押融资。在有效防范风险的前提下，鼓励农业产业化龙头企业、农民合作社及其联合社为其带动的家庭农场、农户等提供担保增信，创新订单、仓单、存货、应收账款融资等供应链金融产品，探索开展托管贷业务"。

综上可看出，种粮大户的信贷约束严重，虽有文献提出农地抵押、农机具抵押、农房抵押等来缓解其信贷约束，但这些抵押品都是种粮大户赖以生存的不动产，难以处置，其缓解水平有限，今年 5 月份出台的《关于金融支持新型农业经营主体发展的意见》指出要“创新订单、仓单、存货、应收账款融资等供应链金融产品”，就是要运用供应链金融思想，缓解种粮大户融资难题，目前关于种粮大户供应链融资的研究较少，所以本书将进行初步探索。

2. 1. 4 关于农业供应链金融的研究

农产品供应链模式在古希腊已有雏形，早在 1905 年沙皇时代，货物质押贷款业务也已出现。1916 年，美国以《仓储法案》为基础，明确给出仓单质押的行为准则，这就是供应链金融的雏形，加快了供应链中资金流的顺利流动，降低了农业运作成本。Breckwoldt（1995）指出早在公元前 2400 年美索不达米亚的农业区域出现的“谷物仓单”就是农业供应链融资的一种方式。Coleman（2007）研究发现，在美国芝加哥，粮食行业开展了利用仓单融资的业务。农民用粮食获得抵押贷款在 20 世纪初沙皇时期非常普遍，对冲了农产品价格波动风险。陈志新（2011，2016）提出供应链融资动态信用理论及相关假设，利用调研数据进行实证分析与检验，并就基于担保授信的农户供应链融资模式、基于农产品质押授信的农户供应链融资模式与基于订单质押授信农户供应链融资模式进行实证检验，表明基于担保授信的农户供应链融资模式与基于订单质押授信农户供应链融资模式可显著提高农户的授信水平，基于农产品质押授信的农户供应链融资模式可显著提高农户的信用能力并提高授信额度，同时该研究证明了供应链融资对农户的适应性。Liu 等（2020）为评估和分析中国农业供应链金融系统的性能，提出了一个两阶段的数据包络分析模型。蒋伯亨等（2021）指出，农业供应链金融是农村金融改革的主要方向之一。

从农业供应链金融模式设计及作用角度切入的国外文献有许多（Leng 等，2016；Xu 等，2018；van Bergen 等，2019；Jia 等，2020；Tallón - Ballesteros，2020；Wu 等，2021），如 Leng 等（2016）指出，农业供应链金融模式是将供应链金融应用于农业产业链，可有效缓解农民融资难题。van Bergen 等（2019）认为在农业供应链中整合采购和资金决策比以往任何时候都更加重要。国内也有很多相关研究，段伟常等（2012）提出分别针对农业生产、农产品加工与销售等环节的融资模式。胡国晖等（2013）认为农业供应链金融模式是可持续的。常玉栋（2019）认为农业供应链金融在缓解农村小微企业及农户融资难、融资贵、融资慢问题上发挥着较为突出的作用。姜东晖等（2020）认为农业供应链金融将助力农业供给侧结构性改革与乡村振兴战略，应创新农业供应链金融方式，以政府为主导，重点培育新型农业经营主体，并以社保政策托底将贫困农户纳入农业供应链金融体系。许玉韫等（2020）探讨了数字化农业供应链金融模式，认为该模式降低了交易过程中的交易成本，并将信用评价体系数字化，进而提高金融供给率。苟延杰等（2020）认为应基于产业互联网思维，构建农业供应链金融的全生命周期项目管理、标准化管理体系建设、政企银协战略联盟、大数据应用、全客层共享服务等5大支撑服务体系。

一些研究从农业供应链外部融资、内部融资或内外部融资切入（田俊峰等，2020）。如杨凤梅（2012）、贺群等（2013）探讨了农业供应链内部融资，并认为供应链内部融资可缓解农户融资难题。董翀等（2015）探讨了农业供应链内部融资与外部融资，指出稳定的销售渠道对两种融资方式都有显著影响。王力恒（2016）指出农业供应链外部融资是农村金融服务的一种创新模式，但“外热里冷”，应完善供应链内部收益分配、风险分担及信息共享机制，构建信用评级体系。何广文（2016）探讨了我国农业供应链外部融资发展的现状及存在的问题，认为核心企业与农业经营主体收益分享将使得供应链内部信息传递更有效透明，成本共担及风险分担将使得农业供应链金融运行更有效。王力恒、何广文等（2016）探讨了我国农业供应链外部融资发展的现状及存在的问题，核心企业与农业经营主体收益分享将使得供应链内部信息传递更有效透明，成本共担及风险分担将使得农业供应链金融运行更有效。Luo等（2021）研究了订单粮食供应链外部融资。

一些研究分析了农业供应链金融的风险及信用机制（王力恒，2017；潘永昕等，2020）。如Yuan等（2014）认为农产品供应链金融是解决“三农”“资本问题”的有效途径，并提出了一种具有特色的农业生产、加工、销售风险评估模型，并详细讨论了基于该模型对其供应链金融的风险评估。

申云等（2019）从合作社切入，解析了农业供应链金融信贷风险。邹建国等（2019）指出农业供应链金融能增进农户的信用，应构建内外部增信机制。李光荣（2020）分析了农业供应链金融信用风险形成的原因，认为深层次的因素是供应链关系质量，产业政策的影响不容忽视，核心企业与融资企业的影响最为直接。申云等（2020）分析了农民合作社供应链金融信贷利益联结现状，认为农民合作社供应链金融信贷主体、融资规范、信用体系建设及风险保障方面较为薄弱，应加强信贷中的风险预警及信息共享。规范合作社管理，创新农业供应链金融渠道，助力乡村振兴。王文利等（2020a）探讨了农户可能存在道德风险及公司可能违约的情况下“公司 + 农户”的订单农业供应链融资策略。Chunrong & Ruyu（2021）从风险管理的角度研究分析了农业供应链金融中出现的道德风险、农产品价格变动风险、信用体系缺陷导致的风险和操作风险等各种问题。

综上可知，目前供应链金融在农业中的应用还不成熟，尚处于初步探索阶段，但随着农业规模化与现代化发展，专业大户、家庭农场、合作社等新型农业经营主体发展中的融资难题凸显，如何创造性地将在制造业中广泛应用并有成熟模式的供应链金融模式借鉴到农业发展上来，是本书需要考虑的议题，本书第 6 章将参考以往文献，给出了两种供应链融资模式，即外部融资及内部融资两种模式。

2.1.5 关于订单农业供应链的研究

订单农业的出现，一定程度上为小农户嵌入大生产与融入农业产业链及供应链提供了有利条件，有助于提高农户福利（Bellemare & Bloem，2018）。订单农业即农户与加工企业（市场企业）为生产或供应农产品签订协议并确定价格，为弱势农民的持续经营提供必要保障，同时使制造商能够管理总供应和价格风险（Eaton & Shepherd，2001；Federgruen 等，2019）。订单农业的发展是农业供应链金融发展的基础（刘凤芹，2003；Bellemare，2018）。

有大量关于订单农业供应链的研究，且是基于数理模型分析的，Nguyen 等（2019）采用基于 agent 的模型研究了湄公河三角洲水稻供应链背景下水稻合同种植扩张的不同障碍。Yu 等（2019）提出了一种“公司 + 农户 + 期权溢价补贴”的合同农业供应链协调机制。彭红军等（2020）分析了一个资金约束的三级订单农业供应链，该供应链由一个农资供应商、一个农户和一个农产品收购商组成，在农业补贴政策下，考虑农资供应商、农户和农产品收购商的最优决策。Ye 等（2020）研究了由一个农业企业和多个厌恶风险的农户组成的农业供应链的最优生产和定价决策问题。余星等（2020）研究了政府补贴农户生产成本的“公司 + 农户”供应链决策问题，得到了农户的最优生产规模，公司的最优浮动收购价格和政府的最优补贴率。冯春等（2020）以扶贫为背景，研究了小农户与企业签订订单合同，同时考虑农产品的产出不确定性，期末部分农产品按照契约价格，剩余部分按当地市价组合出售给企业。其研究结果表明部分保证收购价契约能有效协调供应链，既能增加农户利润，又能降低其价格风险。Luh（2020）指出农户组织在小农融入现代食品供应链中发挥了重要作用。

还有一部分是关于订单农业供应链金融的研究，主要集中为数理模型研究，如黄建辉等（2017）探讨了资金约束的订单农业供应链融资问题，在融资过程中，政府给予贷款利息补贴，农产品产出不确定性被考虑在内，给出了政府、银行、公司及农户等 4 方的最优决策。朱雷等（2019）探讨了农户银行融资能力较弱、农户供应链融资两种融资模式下“公司 + 农户”型订单农业供应链融资决策，指出当农户难以获得银行融资时，公司会为其提供融资服务，其利率较低，但当农户能获得银行贷款时，公司将不再为其提供融资服务。史立刚等（2020）研究了资金约束的“公司 + 农户”二级订单农业供应链融资问题，分别探讨了供应链融资中的外部融资和内部融资情形，指出由于农业的弱质性，农业供应链内部融资中无法实现农户和公司双方的帕累托改进。在其研究中，内部融资是采用带有价格折扣的预付款模式，该模式在制造业供应链金融中得到了广泛运用，但是在粮食供应链中，由于农业的弱质性和粮食的公共品属性，带有折扣的预付款模式在粮食供应链内部融资中行不通。王文利等（2020）讨论了“公司 + 农户”订单农业供应链融资均衡问题，指出当农户道德风险被考虑时，资金约束的农户收益将得到改善，但公司与整个供应链利益可能受损。Zhang（2020）在分析农业订单融资发展现状及存在问题的基础上，构建一个区块链支持的订单农业融资解决方案。Shi 等（2021）探讨了贷款保证保险和收益保险对资金约束的合同农业供应链的影响。陈志新（2011，2016）考虑了基于订单质押的农户供应链融资模式，以粮食订单为例，通过实验设计得到 82 * 2 个样本，实证分析后证明基于订单质押授信农户供应链融资模式显著提高农户授信水平。

综上可看出，近年来对于订单农业供应链的研究越来越多，随着农业新型主体不断发展壮大，为开展订单农业提供了坚实的基础（刘建徽等，2017），本书第 6 章正是基于上述关于订单农业供应链的研究。

2.2 文献述评

目前国内外许多文献对粮食安全、种粮大户规模经营、种粮大户信贷融资、农业供应链金融及订单农业等主题进行了探讨。关于农户融资的文献很多，而种粮大户与普通农户的行为显著不同，所以对种粮大户融资问题展开研究十分必要。目前已有的关于种粮大户融资问题的相关文献指出，信贷约束影响种粮大户的最优经营规模，为此探索了农地经营权抵押等方式来缓解融资约束，但农地经营权抵押、农机具抵押对种粮大户信贷约束的缓解在学术上一直存在争议。供应链融资模式在制造业领域的应用已较为成熟，研究文献很多，是一种基于供应链视角的融资方式，这种融资模式有助于解决中小企业“融资难、融资贵、融资慢”问题。纵观以往文献，从供应链视角探索种粮大户融资问题，即考虑种粮大户供应链融资的文献很少。

供应链融资模式在制造业领域的应用已较为成熟，研究文献很多，为本书的研究奠定了坚实基础。但农业与制造业又显著不同，农业产出具有不确定性，受自然条件影响大，所以在制造业领域中使用成熟的供应链融资模式也不能照搬到农业上，而是要充分考虑农业自身特点，创新性地将供应链融资应用到农业领域。虽然陈志新（2016）探索了供应链融资与农户信贷问题，并对一些供应链融资模式进行了探讨，且通过实验设计探讨了粮食订单质押的农户供应链融资模式。所以本书将基于以上研究，探讨种粮大户供应链融资问题。但粮食与普通的农产品也不同，粮食是具有公共品属性的生活必需品，其产量每年必须维持在一定的安全水平，所以现有的研究中关于农业供应链金融与农业供应链融资的应用也不能简单套用到粮食供应链金融与粮食供应链融资上，有待对基于供应链视角的种粮大户融资进行专门探讨。

所以本书将在以往文献的基础上，基于供应链视角对种粮大户融资机制及实现路径展开探讨，首先分析供应链融资对种粮大户融资的影响机理，其次，分析种粮大户融资渠道的选择，探讨种粮大户到底倾向于正规金融机构融资还是非正规金融机构融资，得到同罗振军（2017）对种粮大户融资渠道选择的研究相同结论，即种粮大户倾向于选择正规金融机构融资，同时对种粮大户供应链融资的意愿及其影响因素进行实证分析。最后，分别探讨了融资过程中有政府支持情形与无政府支持情形下，供应链内部融资与供应链外部融资缓解种粮大户融资难题的实现路径，为解决种粮大户融资难题提供参考。

第3章　供应链融资对种粮大户融资的影响机理分析

本章首先梳理农村金融理论、信贷配给及金融约束理论、制度经济学相关理论，并总结这些理论学说对本书的启示。然后基于供应链视角，从理论上探讨分析供应链融资模式对种粮大户的“融资难、融资贵、融资慢”问题的影响机理，发现其可缓解种粮大户的融资难题。

3.1 相关理论基础

3.1.1 农村金融理论

（1）农业信贷补贴论

随着社会变迁，农业金融学说也随之发展，在20世纪80年代以前流行的农业金融学说是农业信贷补贴论，假设农民不具备储蓄能力。同时，农业具有产出不确定型，投资周期长，投资回报率低等特性，产出不确定导致收入也具有不确定性，所以对农民来说要从“嫌贫爱富”的商业银行融资几乎不可能。因此该学说提出，为解决农民的融资问题，应输入外源性政策性资金，同时要建立非营利性的政策性金融机构来进行资金分配。根据农业信贷补贴理论，农业融资利率低于其他产业，应通过农村金融机构向农村输入大量低息的政策性资金。但农业信贷补贴学说存在一定的缺陷，一方面农民因可持续得到低息资金支持，可能会减少储蓄，这将减少金融机构的资金源，同时还将可能导致拖欠贷款；另一方面，如果低利率不足以抵消贷款中的交易成本时，信贷资金将流向大农户，最终使得低息贷款补贴集中于小部分富裕的农民。因此，消除贫困不能光靠贷款融资，也不能光靠储蓄，而是应探索一种可持续发展的金融机制。

农业信贷补贴论虽然具有一定缺陷，不能全盘借鉴到种粮大户融资问题中，但该理论仍然是种粮大户融资的重要理论基础。

（2）农村金融市场论

由于农业信贷补贴论的基本假设是农户不具备储蓄能力，与实际不相符，在20世纪80年代逐渐出现新的理论——农村金融市场论，该理论更强调发挥市场机制的作用。其理论假设认为农民均有储蓄能力，没必要从外部向农村注入资金，低息抑制了金融发展，外部资金的大量注入将导致拖欠贷款行为的发生，且非正规金融的高利率是一种合理存在。该理论与农业信贷补贴论相反，强调发挥市场机制作用，反对政策性金融，推行利率市场化。该理论认为利率自由化可补偿农村金融机构的经营成本，刺激农民增加储蓄，这就扩充了农村金融机构的资金来源。虽然该理论代表当时理论的最高水平，但该理论的一些缺陷如下：推行利率自由化后，小农户或许不能充分地获得正规金融机构的贷款；利率自由化将导致高的融资成本，且大部分农户缺少抵押品、担保品，其融资需求将得不到满足，为满足农产品供给，政府适时干预必不可少。

农村金融市场论虽然具有一定缺陷，更注重市场机制的调节作用，基于粮食的公共品属性，该理论不能直接用来指导到种粮大户融资，但该理论仍然是种粮大户融资的重要理论基础。

（3）不完全竞争市场论

由于农业信贷补贴论与农村金融市场论存在一些缺陷，其理论假设与实际不太相符，随着信息经济学的发展，20世纪90年代后，农村金融不完全竞争市场论被提出。该理论认为，因为信息不对称的存在，资本市场是不完全竞争市场，金融机构无法充分掌握贷款方的所有信息，因此仅靠市场机制无法有效率地调节资本市场的供求关系，需要政府作为补充，适时介入金融市场，同时对贷款人组织化，提高信贷效率。该理论为政府介入农村金融市场提供了理论基础，是对以往学说的修正与完善。该理论认为：不宜过早地实行利率自由化，政府应运用政策手段保证实际利率为正，同时关注存贷款利率的增长；鼓励贷款方与农户之间融资与上下游商流结合；通过担保融资等手段提高信息透明度，加强借款人的组织化管理；适当介入非正规金融市场以改善该市场一般效率较低的问题（曹协和，2008，王云魁，2009）。

不完全竞争市场论强调市场信息不对称与交易成本，与种粮大户融资问题较为吻合，为本书的研究提供了理论基础。

（4）农村金融理论对本书的启示

农村金融理论的假设中涉及发展中国家，中国作为最大的发展中国家，随着工业化与城镇化发展，近年来农业、农村发展迅速，农业规模化与现代化也初具雏形。农业规模化与现代化发展催生出一大批农业新型经营主体，粮食产业出现了一大批种粮大户，农业资金需求越来越大。一方面粮食产业具有农业产业的弱质性，另一方面，粮食具有公共品属性，因此需要借鉴农村金融理论来指导我国农村金融实践。具体来说，在我国农村金融实践中应结合我国农业农村的实际，借鉴参考农村金融不完全竞争市场论。在政策性金融的推动下，我国新农村建设与农业现代化取得一定成效，农村金融供给需求得到缓解。但随着种粮大户的增加，农业有效融资需求增长，政府应创新金融支持方式，促进农村金融健康有序发展，促进金融服务好农业产业。农村金融理论为处理政府、金融机构和种粮大户的金融关系提供了理论基础。

3.1.2 信贷配给及金融约束理论

（1）信贷配给理论

信贷配给理论最早可追溯到亚当·斯密的《国富论》和凯恩斯的《货币论》，但亚当·斯密和凯恩斯仅关注到了信贷配给现象，并未对其进行定义与系统分析（张祎桐，2018）。Roosa 等（1951）正式提出“信贷可获性理论”。Hodgman（1960）的研究工作为信贷配给理论确立了微观基础。20 世纪 60 年代，新凯恩斯经济学家从信息不对称及隐性合同等方面对信贷配给进行分析（张文路，2006）。Jaffee & Modigliani（1969）认为时间因素与市场竞争状况影响信贷配给问题。Baltensperger（1978）对信贷配给进行了分类。虽然很多学者对信贷配给问题给予了关注，但尚未出现公认的统一的定义（任建军，2009）。

Jaffee & Russlle（1976）、Stiglitz & Weiss（1981）、Bester（1985）等基于信息经济学理论，建立逆向选择模型与道德风险模型，指出代理成本与金融市场信息不对称是造成信贷配给的主要原因，银行以追求利润最大化为目标，通过调整利率来规避道德风险与逆向选择，进而实现信贷资产的优化配置。其中，Stiglitz & Weiss（1981）建立的投资借贷理论模型被称为信贷配给基本模型，简称 S－W 模型，对非价格配给现象给出了解释，认为由于信息不对称的存在，银行提高利率将会导致逆向选择与道德风险。Williamson（1986，1987）指出只要存在信息不对称和监督成本，就会产生信贷配给。金融危机的出现，让学者们意识到信贷市场的均衡并不仅仅靠利率调节，非价格机制也发挥着重要作用（张文路，2006）。伍戈（2004）、任建军（2009）指出信贷配给理论的最终发展是金融约束理论。

目前，我国种粮大户数量不断增加，但小规模的种粮大户占大部分，同时，虽然目前很多家庭农场进行了注册登记，合作社与农业企业也都进行了工商登记，但这些种粮大户总体来说，管理不够规范，信贷供需双方信息不对称现象严重。同时由于种粮大户缺乏有效抵押物，金融机构宁可在低利率水平上拒绝一部分种粮大户的融资申请，通过其他非利率的因素设置融资障碍，而不愿提高利率满足所有人的申请，这就导致了信贷配给。

（2）MM 定理与权衡理论

MM 定理是 Modigliani & Miller 于 20 世纪 50 年代基于经营业收益理论提出的，认为融资方式对企业的价值没有任何影响。MM 定理基于一定的假设条件：资本市场的完善使得交易成本可忽略不计；个人与企业的贷款利率相同，企业经营风险用息税前盈利的标准差来衡量，无公司或个人所得税，投资人对风险与利润的预期相同，企业保持相对静止，企业利润、税前利润等现金流量的预期值固定。MM 定理仅考虑到融资带来的税收优惠，但忽视了融资带来的额外成本和风险。

20 世纪 70 年代，权衡理论在 MM 定理的基础上，综合考虑财务危机成本和代理成本等因素纳入模型中（孙会国，2013）。代表人物有 Robichek、Myers、Kraus、Rubinmstein、Scott 等。该理论认为负债给企业带来的优惠及好处呈现先增后减的状态，存在一个最优点。随着负债增加，资金链断裂的风险也增加，且负债会给企业带来额外成本和风险，随着风险增大，企业的市场价值也将降低。基于此，在融资的时候企业应对税收优惠收益和额外成本与破产风险进行权衡。

MM定理仅考虑了融资带来的税收优惠好处，忽视了其他成本与风险，对种粮大户融资来说不满足其前提假设，但仍可为其提供理论基础。权衡理论则指出在融资时要对税收优惠好处与成本和风险进行权衡，这为种粮大户融资提供了借鉴，种粮大户在融资时也应对成本与收益进行权衡。

（3）金融约束理论

美国经济学家Mckinnon和Show于20世纪70年代提出金融抑制理论和金融深化理论，为发展中国家的金融发展奠定了基础（王剑琪，2018）。而以金融深化论为基础的金融自由化在发展中国家运行中带来金融危机和动荡，基于这一背景下，Hellmann等（1997）在研究发展中国家的金融约束问题基础上，提出了金融约束的理论分析框架。金融约束论认为，由于信息不对称，代理行为和道德风险不可避免，资本无法实现帕累托最优配置，政府适时干预必不可少（Hellmann等，1997；蒋例利，2017）。政府干预方式主要有控制存贷款利率、适当限制资本市场竞争等，且利率控制是缓解金融约束的重中之重（蒋例利，2017）。金融约束的政策在执行过程中要求宏观经济环境稳定，通货膨胀率较低，实际利率为正，银行是真正的商业银行，政府对企业和银行的干预较少或者没有，这样才能达到政策的最佳效果。

对种粮大户而言，其融资过程中抵押物少，产出具有不确定性，金融约束理论要求银行是真正的银行，要求政府较少地干预市场，这对种粮大户融资来说不适用，但该理论仍然为种粮大户融资提供了理论基础。

（4）信贷配给及金融约束理论对本书的启示

农村金融需求者相对来说具有居住地分散、生产周期长且季节性明显、贷款频率高但每笔贷款额相对较小、市场风险与自然风险较大、缺乏有效抵押物等特点，种粮大户虽然对分散的小农户来说，抵押物可能相对多一点，但仍然具有农村金融者的共同特点。随着经济发展，我国农村金融发展迅速，但总体来说还是处于较低的水平，农村担保、保险、抵押、信用的专业化和组织化程度仍然较低，这将使得市场机制在农村金融领域失灵，导致种粮大户面临信贷配给。考虑信息不对称情形下的金融约束及融资理论与金融自由化相比，认为应综合考虑农业及农村金融的特殊性，支持政府适度干预农村金融市场，促进农村金融发展，进而促进农业、农村发展。

3.1.3 制度经济学理论

委托-代理理论与交易成本理论是制度经济学的重要理论。

（1）委托-代理理论

委托-代理理论是由美国经济学家罗斯于1973年提出，是关于委托人与代理人之间关系及其行为规则的理论。委托代理关系源于分工，分工促进经济社会规模化生产，逐渐形成专业化分工（林雯，2020）。专业化分工使得人们为达成某一目标不得不选择合作，即出现委托人和代理人，其中，代理人拥有某些专业化私人信息。该理论假设参与人双方存在利益冲突，且双方信息不对称（雷帅，2016），委托人无法察觉到代理人为完成委托事项的努力程度，在这两个假设下，委托人和代理人都有可能违约，出现逆向选择或道德风险。

刘有贵等（2006）总结了委托-代理理论的核心任务，即委托人如何利用契约机制设计出有效的激励合同对代理人进行激励，提高委托代理效率。具体过程是委托人先制定最优契约（Sappington，1991），代理人有两个选择，接受或者拒绝，如接受代理人与委托人根据契约达成一致意见，代理人付诸努力完成委托事项，最终委托人根据契约检验委托事项的完成情况后进行支付。同时，微观经济学的基本假设是理性经济人，所以要满足代理人参与完成委托事项带来的效用要高于其参与其他委托事项带来的效用，同时委托人在制订契约时在考虑自身利益最大化的同时，也要设计适当的激励措施使得代理人为完成委托事项付出的努力能达到其效用最大化水平。自20世纪70年代以来，委托-代理理论内容不断丰富（刘有贵等，2006）。

本书研究种粮大户供应链融资，参与人有种粮大户、正规金融机构、订单粮食供应链上下游成员、政府、保险机构、担保机构，等等，其中涉及多重合作和协同，可借鉴运用委托-代理理论的思路与方法进行研究。

（2）交易成本理论

古典经济学认为市场是最有效的资源配置手段（徐佳良，2020）。但科斯通过研究发现市场和计划都能有效地调节生产，孰优孰劣，没有定论。基于此，科斯（1937）首先提出交易成本理论，认为交易成本可以解释市场和计划都能有效调节生产，哪种方式交易成本更低，哪种方式就更有效。但假定交易成本为零，仅依靠市场机制来调节生产活动和交换活动，任何制度与组织安排均等同，没有所谓的孰优孰劣。在现实经济环境中，这种交易成本为零的假定不成立，必须充分考虑交易成本问题，即现实社会中各种制度与组织存在的理论来源。

实践中难以准确测量交易成本，但对交易成本的概括进行了一些探索，Willianmoson（1975）年将交易成本归纳为监督交易实施的成本、违约成本、议价成本、信息成本、决策成本和搜寻成本的总和。DaWman（1979）将交易成本总结为转换成本、监督成本、协商与决策成本、执行成本、搜寻信息成本与契约成本的总和。Willianmoson（1979，1986）丰富了对交易成本的概括，简单地将其归纳为事前与事后交易成本。纵观交易成本理论的演进可看出，政策涉及和制度安排，组织结构与行为变化均受交易成本的影响。

本书第 3 章的部分内容是基于交易成本视角探讨种粮大户融资渠道选择的影响因素，在选择变量时，借鉴学者们对交易成本的分类，将交易成本分为谈判成本、信息成本与执行成本。同时，由于供应链是一种可降低交易成本的有效制度安排和组织结构（张建军，2020），在第 5 章分析种粮大户融资难题及其缓解机理时，从交易成本角度分析了种粮大户融资难的原因，同时从交易成本的角度分析供应链融资模式解决融资难题的机理。

（3）制度经济学理论对本书的启示

根据委托 - 代理理论与交易成本理论，种粮大户可在信息不对称的情况下通过激励措施实现最优激励代理。在种粮大户融资过程中，交易双方都可能存在机会主义行为与有限理性，同时在不确定的环境与不够成熟的市场结构中，如何降低交易双方的交易成本，进而缓解种粮大户的供给型融资约束，保障粮食生产与供应安全，进而保障国家粮食安全。种粮大户供应链外部融资过程中，金融机构与核心企业、物流企业之间存在委托代理关系，如何避免逆向选择与道德风险，成为需要解决的问题。同时，种粮大户融资过程中，交易成本不可避免，如何降低交易成本就要首先探究出交易成本包括哪些，参考 Willianmoson、DaWman 的研究，本书将交易成本分为信息成本、谈判成本及执行成本，且在分析供应链融资缓解种粮大户融资难题的机理时，也用到了委托 - 代理理论与交易成本理论。

3.2 基于供应链系统角度分析

在传统信贷融资模式下，中小企业由于缺乏抵押物、规模小、财务信息不健全等原因，而且中小企业机会主义倾向明显，道德风险大（宋华，2015；陈晓红等，2008）。传统信贷融资时，金融机构将对比考虑交易成本与企业风险，对中小企业的融资请求，其应对举措要么是提高利率，要么是“拒贷”，金融机构提高利率导致“融资贵”“拒贷”“惜贷”导致“融资难”。究其原因，一是双方信息不对称。信息不对称使得中小企业道德风险大，同时使得“柠檬”市场出现，最终融资市场上将只剩下经营风险高与折中风险的企业，银行将产生逆向选择，宁可不贷或少贷，减少坏账和呆账。二是交易成本高。与大企业相比，中小企业融资额度小，频率低，金融机构完成每笔交易的成本大致相同，但是产生的效益大不相同，给定相同的利率，小额贷款的利润远低于大额贷款，给定相同额度，大企业与中小企业的交易成本远不相同，中小企业由于交易频率与财务制度不健全等原因，银行贷前审核、贷中审查及贷后监督的成本远高于大企业，且交易成本的分担往往体现在银行给出的高利率上。

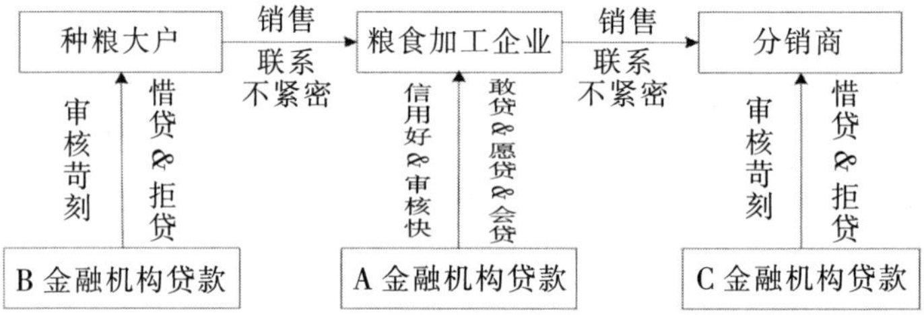

图 3 - 1　传统信贷融资模式中的种粮大户与金融机构之间的关系

资料来源：陈晓红等．中小企业供应链融资［M］．经济出版社，2008，第 27 页；高杰：《供应链金融的分析与警示》，载于中国资金管理网。

种粮大户与中小企业一样，具有信用体系与担保体系不完善、缺乏抵押物、管理不规范、财务管理较混乱等特征，传统信贷融资模式中金融机构与粮食供应链成员的关系如图3－1所示。从图3－1可看出，该粮食供应链由种粮大户、粮食加工企业、分销商组成，核心企业是粮食加工企业，种粮大户是该供应链的上游，分销商是供应链的下游。传统信贷模式中，供应链上下游成员与核心企业的联系较为松散，各自为政，都是以自身利润最大化为决策目标，所以当供应链成员要融资贷款时，都是独立向金融机构申请。当资金约束的种粮大户需要融资时，向金融机构提出贷款申请，金融机构收到贷款申请后进行贷前审批，由于种粮大户信用体系与担保体系不完善，缺乏抵押物，财务管理不规范，且粮食生产易受自然条件影响，产出具有不确定性，金融机构常常表现为“惜贷”或“拒贷”，最终将导致种粮大户的融资需求不能得到有效满足。

根据上述分析可知，种粮大户的融资难题是由于信息不对称与高的交易成本造成的，为缓解其融资难题，必须缓解信息不对称问题，降低交易成本（陈晓红等，2008）。而供应链融资是基于供应链视角，将供应链所有成员作为一个整体来研究，协调管理供应链中的资金流、信息流与物流，注重核心企业与上下游企业的合作关系（陈晓红等，2008），这为解决中小企业与金融机构信息不对称及交易成本高的问题提供了解决思路。供应链融资模式中金融机构与粮食供应链成员的关系如图3－2所示。

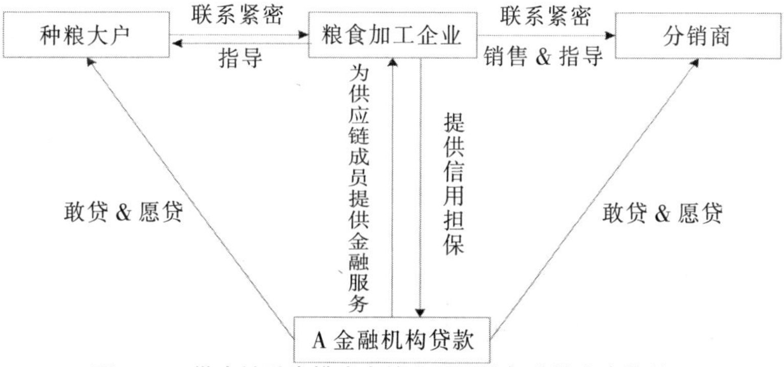

图3－2　供应链融资模式中的金融机构与种粮大户的关系

资料来源：陈晓红等．中小企业供应链融资［M］．经济出版社，2008，第27页；高杰：《供应链金融的分析与警示》，载于中国资金管理网。

从图 3 –2 可看出，在供应链融资模式中，金融机构面对的是整条供应链。对比图 3 –1 和图 3 –2 可知，原本分散的“一对一”关系在供应链融资模式中变成了“一对多”关系，对上下游种粮大户与分销商而言，在核心企业的信用支持下获得传统模式下难以获得的贷款优惠；对核心企业而言，由于其对上下游成员的融资支持激励上下游成员为提升供应链竞争力做出努力，进而提升整个供应链在市场上的竞争力；对金融机构而言，由于核心企业对供应链成员的筛选机制使得信息披露及信用风险等问题得以缓解，同时，核心企业对上下游成员的动态监督，信息共享以及合理的利益联结机制降低了供应链上下游成员的机会主义行为及道德风险，理论上将解决传统信贷模式下由于信息不对称及交易成本高的问题。

供应链融资模式的运行，使得银行获取更多企业的信息，以便设计出合适的供应链融资产品，同时通过供应链上下游企业即核心企业的借贷，将小业务聚集成大业务，降低了交易成本。同时，供应链融资具有外包特点，供应链中的物流涉及物流服务提供商，其中的资金流将涉及金融服务提供商（吕菲，2012），即供应链融资服务商，其将对整个供应链上下游的企业进行统筹安排，当供应链上下游企业有融资需求时，通过匹配审核，可迅速获得贷款，降低交易成本。此外，供应链融资通过真实的交易关系，将核心企业的信用嵌入到供应链的上下游，通过对贸易资金流的控制来防范风险，不再过分强调固定资产的抵押或担保服务的提供，降低交易成本，减少借贷双方信息不对称的情形。

而本书的研究对象种粮大户的融资难题本质上与中小微企业一样，都具有信用体系不完善，管理不规范、财务管理较混乱、担保服务不足等问题，所以，借助供应链融资模式或将有力缓解其融资难题。但对种粮大户而言，供应链融资模式要顺利实施，应大力探索发展订单农业，促进订单粮食供应链的稳定发展。

3.3 基于信贷配给角度分析

供应链融资改变了传统融资模式中的单一授信模式，围绕核心企业，将供应链作为一个整体，核心企业为上下游企业提供信用担保，增强了上下游企业的信用，缓解了其融资难题。为分析方便，分析种粮大户与金融机构组成的两方信贷市场，金融机构以利润最大化为决策目标，对种粮大户进行信贷配给，如图3－3所示。设D_0为所有种粮大户的融资需求曲线，D_1为传统信贷融资模式下种粮大户的有效融资需求曲线，S_1为传统信贷融资模式下金融机构的资金供给曲线；D_2为供应链融资模式下种粮大户的有效融资需求曲线，S_2为供应链融资模式下金融机构的资金供给曲线；r_1^*为传统信贷融资模式下金融机构的最优贷款利率，r_2^*为供应链融资模式下金融机构的最优贷款利率。

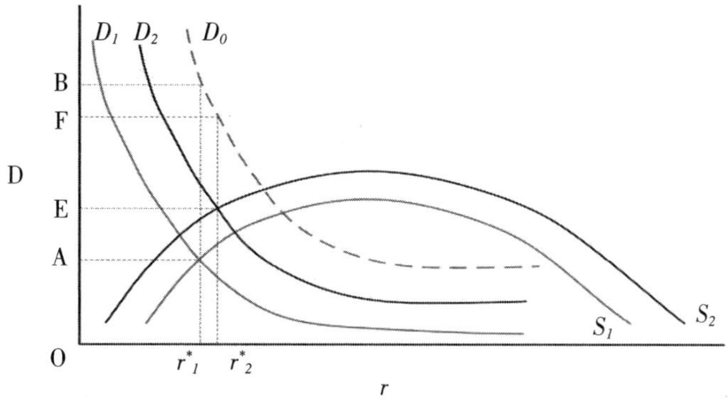

图3－3　金融机构与种粮大户的信贷资金供求曲线

资料来源：顾海峰，韩攀．商业银行银企信贷配给的生成机理及治理路径研究——基于供应链金融的理论视角［J］．金融理论与实践，2012（09）：1－5.

从图3－3可看出，D_0为所有种粮大户的融资需求曲线；在传统信贷模式下，需求曲线为D_1，供给曲线为S_1，最优利率为r_1^*。所有种粮大户的融资需求用线段OB表示，实际得到满足的融资需求用线段OA表示，未得到满足的融资需求用线段AB表示。根据信贷配给理论，金融机构通过其他非利率的方式设置融资障碍，而不是提高利率满足所有的信贷需求，所以很多种粮大户的融资需求得不到满足。在供应链融资模式下，名义上仍然是种粮大户与金融机构组成的两方信贷市场，但从上一节的分析可知，供应链融资过程中，核心企业也会参与为种粮大户提供信用担保，所以信贷参与方实际上由种粮大户、金融机构与核心企业组成。

供应链上的核心企业相对来说具有良好的财力物力条件，经营状况好，一般来说是该行业的龙头企业，具有良好的信誉，当核心企业加入后，首先会根据供应链上下游成员的基本情况及交易频率，根据准入门槛筛选出愿意为其提供信用担保的白名单，种粮大户为争取与核心企业长期稳定合作，将会坦诚告知其真实信息。经过核心企业筛选后列在白名单的种粮大户将成为供应链核心企业的长期合作伙伴，当其向金融机构提出贷款申请时，金融机构将根据核心企业提供的白名单进行审核，通过核心企业的信用担保，金融机构将尽快放款。同时，种粮大户为维持与核心企业的稳定合作关系，确保交易顺利进行，必须重视自身信誉，否则将丧失与核心企业的合作机会；核心企业为保证供应链高效运转，必须经常关注上下游企业经营状态，不定期对白名单种粮大户进行审核，这为金融机构的贷后监管提供了有力支持。此外，对普通的种粮大户来说，由于信用体系不完善，大部分无法通过金融机构的授信评估，但供应链核心企业参与后，金融机构将直接考察其是否在核心企业提供的白名单内。因此，核心企业加入后，降低了种粮大户逆向选择与道德风险的概率，降低了融资的交易成本，也降低了种粮大户违约的风险，让金融机构愿意提供贷款，增加资金供给。同时，在供应链融资过程中，第三方物流企业负责保存和监督（孔晶晶，2018），并提供贷前审核服务、贷中监管服务，增加了金融机构搜集信息的能力，将进一步缓解金融机构与种粮大户之间的信息不对称，降低道德风险与逆向选择的概率，使得金融机构愿意增加资金供给。

从图 3－3 可看出，D_0 为所有种粮大户的有融资需求曲线；在供应链融资模式下，由于核心企业的参与，一部分种粮大户获得了核心企业的信用担保，其融资需求得到满足的可能性增加，因此，需求曲线由原来的 D_1 向右移动至 D_2；而金融机构因为核心企业的信用担保及第三方物流企业的参与，愿意增加资金供给，使得供给曲线由原来的 S_1 向右移动至 S_2，最优利率为 r_2^*。此时，所有种粮大户的融资需求用线段 OF 表示，实际得到满足的融资需求用线段 OE 表示，未得到满足的融资需求用线段 EF 表示。对比传统融资模式与供应链融资模式，线段 EF 明显小于线段 AB，说明种粮大户的融资难题得到了缓解。$r_2^* > r_1^*$，将会使得金融机构的利润增加，这将会使得金融机构有参与的积极性与主动性。供应链融资模式下，金融机构增加资金供给，新的均衡利率也随之增加，但由于粮食具有公共品属性，这就要求在种粮大户融资过程中，政府提供贴息或补贴政策。

3.4 基于融资市场供需理论分析

假设种粮大户融资市场上只存在两个银行，分别为农村商业银行 B_1 和农村商业银行 B_2 ，假定这两个银行规模收益不变，只提供一种贷款产品，这两个银行之间的博弈是一个经典的古诺模型。假定种粮大户在一定时间内只进行一次融资，t 为种粮大户的信用水平与信息透明度，a 为有融资需求的种粮大户的总数，种粮大户 φ 从融资中获得的效用为 φt ，$\varphi \in [0,a]$ 。设贷款的交易成本为 t 的函数，银行 B_1 和 B_2 的交易成本分别为 $c(t)$ ，$\alpha c(t)$ ，其中 $\alpha > 0$ 。而信用水平越高，则银行贷前审核与贷后监督成本就越低，交易成本就越低，所以 $c'(t) < 0$ 。由于信用水平与交易成本呈负相关关系，即信用水平越高，交易成本越低，信用水平越低，交易成本越高，随着信用水平下降，交易成本不断增加，种粮大户能接受的利率也就越高，造成大部分种粮大户不能享受融资服务，因此假设 $c(\infty) = c'(\infty) = 0$ ，$\lim\limits_{t\to 0} c(t) = \infty$。当 $\alpha > 1$ 时，说明信用水平的降低将会导致农村商业银行的交易成本增加速度大于农村商业银行的交易成本增长速度。当信用水平趋向于无穷大时，交易成本将趋于零。

银行将根据种粮大户的信用水平来确定利率的高低，利率越低，给种粮大户带来的效用就越高。对银行来说，由于存在信息不对称，对种粮大户的信用水平的了解可能存在一定偏差，可能无法精准地掌握种粮大户的信用水平，因此银行将按照不同的信用水平给出相应的融资利率，从而达到自身利益最大化；种粮大户信用水平较低，其甚至无意识要注重信用积累，而银行根据信用水平来确定利率水平，种粮大户要么是因为融资利率太高放弃融资，要么就是接受较高利率的融资，产生融资贵问题，最终种粮大户追求的也是自身利益最大化。农村商业银行 B_1 和农村商业银行 B_2 按照实现自身利益最大化的最低信用水平与信息透明度 t 设计贷款产品，贷款产品的需求函数如式（3.1）所示。

$$x_g = a - r/t \tag{3.1}$$

其中 r 表示贷款利率。反需求函数如式（3.2）所示。

$$r = r(x_g) = (a - x_g)t \tag{3.2}$$

农村商业银行 B_1 和农村商业银行 B_2 的利润如式（3.3）、式（3.4）所示。

$$\pi_{B_1} = x_{B_1}(a - x_g)t - x_{B_1}c(t) - m_{B_1} \tag{3.3}$$

$$\pi_{B_2} = x_{B_2}(a - x_g)t - x_{B_2}\alpha c(t) - m_{B_2} \tag{3.4}$$

其中，x_{B_1} 为种粮大户在农村商业银行 B_1 融资的融资额，x_{B_2} 为种粮大户在农村商业银行 B_2 融资的融资额，根据文中的假设，x_g 为融资市场的总的融资额，满足 $x_g = x_{B_1} + x_{B_2}$ ，m_{B_1} 为农村商业银行 B_1 为完成种粮大户的融资需求花费的其他成本，m_{B_2} 为农村商业银行 B_2 为完成种粮大户的融资需求花费的其他成本。

π_{B_1} 、π_{B_2} 分别对融资额 x_{B_1} 、x_{B_2} 求一阶导数如式（3.5）、（3.6）所示。

$$\partial \pi_{B_1}/\partial x_{B_1} = (a - 2x_{B_1} - x_{B_2})t - c(t) \tag{3.5}$$

$$\partial \pi_{B_2}/\partial x_{B_2} = (a - x_{B_1} - 2x_{B_2})t - \alpha c(t) \tag{3.6}$$

对 π_{B_1} 、π_{B_2} 分别求二阶导数如式（3.7）、（3.8）、（3.9）、（3.10）所示。

$$\frac{\partial^2 \pi_{B_1}}{\partial x_{B_1}^2} = -2t \tag{3.7}$$

$$\frac{\partial^2 \pi_{B_1}}{\partial x_{B_1}\partial x_{B_2}} = -t \tag{3.8}$$

$$\frac{\partial^2 \pi_{B_2}}{\partial x_{B_2}^2} = -2t \tag{3.9}$$

$$\frac{\partial^2 \pi_{B_2}}{\partial x_{B_2}\partial x_{B_1}} = -t \tag{3.10}$$

可看出，海塞矩阵 $\begin{vmatrix} \dfrac{\partial^2 \pi_{B_1}}{\partial x_{B_1}^2} & \dfrac{\partial^2 \pi_{B_1}}{\partial x_{B_1}\partial x_{B_2}} \\ \dfrac{\partial^2 \pi_{B_2}}{\partial x_{B_2}\partial x_{B_1}} & \dfrac{\partial^2 \pi_{B_2}}{\partial x_{B_2}^2} \end{vmatrix} < 0$ ，所以农村商业银行

B_1 和农村商业银行 B_2 的竞争可达到均衡状态。均衡解可联立式（3.5）、（3.6）求解得到，如式（3.11）、式（3.12）所示。

$$x_{B_1} = \frac{a}{3} + \frac{(\alpha - 2)c(t)}{3t} \tag{3.11}$$

$$x_{B_2} = \frac{a}{3} + \frac{(1 - 2\alpha)c(t)}{3t} \tag{3.12}$$

融资总额如式（3.13）所示。

$$x_g = x_{B_1} + x_{B_2} = \frac{2a}{3} - \frac{(1 + \alpha)c(t)}{3t} \tag{3.13}$$

种粮大户在农村商业银行 B_1 融资的融资额 x_{B_1}、种粮大户在农村商业银行 B_2 融资的融资额 x_{B_2}、种粮大户在银行的融资总额 x_g 分别对信用水平与信息透明度 t 求一阶导数如式（3.14）、式（3.15）、式（3.16）所示。

$$\frac{\mathrm{d}\,x_{B_1}}{\mathrm{d}t} = \frac{(\alpha - 2)}{3t}\left[c'(t) - \frac{c(t)}{t}\right] \tag{3.14}$$

$$\frac{\mathrm{d}\,x_{B_2}}{\mathrm{d}t} = \frac{(1 - 2\alpha)}{3t}\left[c'(t) - \frac{c(t)}{t}\right] \tag{3.15}$$

$$\frac{\mathrm{d}\,x_g}{\mathrm{d}t} = -\frac{(1 + \alpha)}{3t}\left[c'(t) - \frac{c(t)}{t}\right] \tag{3.16}$$

由假设可知，$c'(t) - \frac{c(t)}{t} < 0$，可得 $\frac{\mathrm{d}\,x_g}{\mathrm{d}t} > 0$，这说明当信用水平与信息透明度提高，种粮大户总的融资需求也将增加。信用水平与信息透明度的变化导致融资需求量的变化与 α 的取值有关。对 x_{B_2} 而言，当 $0 < \alpha < \frac{1}{2}$ 时，有 $\frac{\mathrm{d}\,x_{B_2}}{\mathrm{d}t} < 0$，即当 $0 < \alpha < \frac{1}{2}$ 时，农村商业银行 B_2 的贷款产品的其他相关成本太高，信用水平与信息透明度的增加也会使得融资需求变小，当 $\alpha > \frac{1}{2}$ 时，农村商业银行 B_2 的贷款产品的其他相关成本相对来说较小，信用水平与信息透明度的增加使得种粮大户的融资需求增大。对 x_{B_1} 而言，当 $\alpha > 2$ 时，有 $\frac{\mathrm{d}\,x_{B_1}}{\mathrm{d}t} < 0$，即当 $\alpha > 2$ 时，农村商业银行 B_1 的贷款产品的其他相关成本太高，信用水平与信息透明度的增加也会使得融资需求变小，当 $0 < \alpha < 2$ 时，农村商业银行 B_1 的贷款产品的其他相关成本相对来说较小，信用水平与信息透明度的增加使得种粮大户的融资需求增大。

π_{B_1}、π_{B_2} 分别对交易成本 $c(t)$ 求一阶导数如式（3.17）、式（3.18）所示。

$$\partial \pi_{B_1} / \partial c(t) = -x_{B_1} < 0 \tag{3.17}$$

$$\partial \pi_{B_2} / \partial c(t) = -x_{B_2} < 0 \tag{3.18}$$

这说明交易成本直接影响银行的利润，当种粮大户信用较好，信息透明度高，银行所需要进行的贷前审查及贷后监督的成本就越小，进而使得交易成本得以降低，最终增加银行的利润。当种粮大户选择传统的融资模式进行融资时，因为其本身信用水平较低，管理不规范、财务等信息不透明等原因，使得信息不对称程度增加，最终使得交易成本增加、金融机构的利润减少，金融机构缺乏动力为种粮大户提供融资服务，造成种粮大户难以获得贷款融资。

π_{B_1}、π_{B_2} 分别对信用水平与信息透明度 t 求一阶导数如式（3.19）、式（3.20）所示。

$$\frac{\partial \pi_{B_1}}{\partial t} = \left\{\frac{a}{3} + \frac{\alpha - 2}{3t}\left[2c'(t) - \frac{c(t)}{t}\right]\right\}\left[\frac{a}{3} + \frac{(\alpha - 2)c(t)}{3t}\right] \tag{3.19}$$

$$\frac{\partial \pi_{B_2}}{\partial t} = \left\{\frac{a}{3} + \frac{1 - 2\alpha}{3t}\left[2c'(t) - \frac{c(t)}{t}\right]\right\}\left[\frac{a}{3} + + \frac{(1 - 2\alpha)c(t)}{3t}\right] \tag{3.20}$$

由假设可知，$2c'(t) - \frac{c(t)}{t} < 0$，当 $t \to \infty$ 时，$\frac{\partial \pi_{B_1}}{\partial t} > 0$，$\frac{\partial \pi_{B_2}}{\partial t} > 0$，说明种粮大户信用水平与信息透明度越高，银行的利润越高，在银行以利润最大化为决策目标时，面对信用水平与信息透明度高的种粮大户，银行将愿意为其提供贷款。当 $t \to 0$ 时，在 $0 < \alpha < 2$ 时，$\frac{\partial \pi_{B_1}}{\partial t} > 0$；在 $\alpha > 2$ 时，$\frac{\partial \pi_{B_1}}{\partial t} < 0$；在 $\alpha > \frac{1}{2}$ 时，$\frac{\partial \pi_{B_2}}{\partial t} > 0$；在 $0 < \alpha < \frac{1}{2}$ 时，$\frac{\partial \pi_{B_2}}{\partial t} < 0$。当

信用水平与信息透明度 $t \to 0$ 时，在 $0 < \alpha < 2$ 时，$\frac{\partial \pi_{B_1}}{\partial t} > 0$；在 $\alpha > \frac{1}{2}$ 时，$\frac{\partial \pi_{B_2}}{\partial t} > 0$；这说明除了信用水平与信息透明度对银行的利润产生影响，还有其他因素对银行利润产生了影响，且在特定情况下对冲了信用水平与信息透明度对银行利润的影响，进而使得银行利润非但没有随着信用水平与信息透明度降低而降低，反而随之增加。进一步分析贷款利率 r 对信用水平与信息透明度 t 求一阶导数如式（3.21）所示。

$$\frac{\mathrm{d}r}{\mathrm{d}t} = \left(a - \frac{\mathrm{d}x_g}{\mathrm{d}t}\right)t + a - x_g = \left(a - \frac{\mathrm{d}x_g}{\mathrm{d}t}\right)t + a - \frac{2a}{3} + \frac{(1+\alpha)c(t)}{3t} \tag{3.21}$$

当 $t \to 0$ 时，$\frac{\mathrm{d}r}{\mathrm{d}t} > 0$，且 $\frac{\mathrm{d}r}{\mathrm{d}t} > \frac{\mathrm{d}c(t)}{\mathrm{d}t}$，这说明虽然种粮大户的信用水平与信息透明度提高使得种粮大户交易成本减少，但贷款利率随之提高。

通过分析可知，影响银行利润的因素主要有贷款利率和信用水平与信息透明度，当信用水平与信息透明度较低时，银行将通过提高利率来实现利润最大化。对种粮大户来说，其信用水平与信息透明度较低，银行为应对风险，在其自身利润最大化的基础上给出较高的利率，而一部分种粮大户因为无法承担较高的利率而放弃融资，继续融资的种粮大户因其信用水平与信息透明度较低，银行在审核贷款申请时花费较多的人力物力，审核时间较长。这就导致种粮大户“融资难、融资贵、融资慢”问题产生，而从供应链视角考虑种粮大户融资，即采用供应链融资模式，将提高种粮大户的信用水平与信息透明度，这将促进银行利润增加，进而使得其增加资金供给，同时使得种粮大户的有效融资需求增加，缓解了种粮大户“融资难、融资贵、融资慢”的融资难题。

3.5 本章小结

本章分别分析了供应链融资对种粮大户融资及种粮大户融资信贷配给进行分析，得到基于供应链视角的种粮大户融资，即供应链融资模式将缓解种粮大户“融资难、融资贵、融资慢”问题，为接下来的章节奠定基础。从供应链系统角度来看，供应链融资模式缓解种粮大户融资难题的原因是传统融资模式下，种粮大户作为单一个体向金融机构提出贷款申请，但在供应链融资模式下，是以整个供应链作为一个系统，以核心企业的信用作为担保提出贷款申请，这就降低了交易成本，缓解了信息不对称，进而缓解种粮大户融资难题；从信贷配给角度来看，供应链融资模式使得种粮大户的有效需求增加，同时激励金融机构增加资金供给，进而缓解种粮大户融资难题。同时对种粮大户融资贷款市场供需进行分析，得到信用水平与信息透明度、利率水平是影响银行利润的主要因素，种粮大户要顺利实现融资，最重要的是提高信用水平，提高信息透明度。

第 4 章　种粮大户融资现状分析

本章选择湖南省作为调研区域，首先说明湖南省粮食种植业在全国的重要地位，然后分析种粮大户的融资现状、存在的融资难题及国外农场融资做法，最后对种粮大户融资难题进行了原因探析。分析表明，种粮大户潜在融资需求大，但有效需求不足；农村金融资本充足，但有效供给不足；“融资难、融资贵、融资慢”问题凸显。

4.1 调研区域介绍

4.1.1 湖南省粮食种植业在全国的重要地位

我国 13 个粮食主产区包括辽宁、吉林、黑龙江、内蒙古、山东、河北、河南、湖南、湖北、江西、安徽、江苏、四川等 13 个省份（牛影影，2018）。湖南耕地面积 414.88 万公顷，约占全国耕地总面积的 3.1%[①]，东与江西接壤，西与重庆、贵州交界，南与广东、广西相连，北与湖北相邻，总面积共 21.18 万平方千米[②]。湖南省属于云贵高原向江南丘陵和南岭山脉向江汉平原过渡的地带，属于亚热带气候，光、热、水资源丰富，农业生产条件较好[③]。湖南省一共有 62 个县被国家列入粮食大县名单，2000—2020

---

① 数据来源于国家统计局。

② 资料来源于百度百科。

③ 资料来源于百度百科。

年湖南省粮食产量及粮食播种面积如表 4 - 1 所示。

从表 4 - 1 可看出，近 20 多年来，除 2003 年粮食产量未超过 500 亿斤大关，其余年均超过 500 亿斤大关，2014—2018 年连续 5 年粮食产量超过 600 亿斤大关，2019 年有小幅降低，2020 年由于疫情影响，种粮大户数量有所增加，种粮大户总的流转耕地面积有所回升，2020 年粮食产量较 2019 年有一定的回升，超过 600 亿斤大关。

表 4 - 1　1999—2020 年湖南省粮食产量及粮食播种面积

年份	粮食产量（万吨）	粮食播种面积（千公顷）	年份	粮食产量（万吨）	粮食播种面积（千公顷）
1999 年	2725.4	5135.2	2010 年	2881.6	4847.8
2000 年	2767.6	5029.9	2011 年	2983.6	4932.2
2001 年	2700.3	4802.8	2012 年	3061.9	4975.3
2002 年	2501.3	4652.6	2013 年	2989.5	5010.0
2003 年	2442.7	4529.8	2014 年	3078.9	5065.6
2004 年	2640.0	4754.1	2015 年	3094.2	5053.7
2005 年	2678.6	4838.6	2016 年	3052.3	5010.7
2006 年	2654.2	4545.4	2017 年	3073.6	4978.9
2007 年	2698.5	4539.7	2018 年	3022.9	4747.9
2008 年	2822.2	4607.1	2019 年	2974.8	4616.4
2009 年	2928.8	4827.2	2020 年	3015	4755

数据来源：《湖南省统计年鉴 2020》，2020 年的数据来源于国家统计局。

湖南省是全国播种面积最大的稻谷主产区，稻谷播种面积在 13 个粮食主产区中一直是最大的①，近年来湖南省稻谷播种面积占全国稻谷播种面积约为 13%—14%，如表 4 - 2 所示。同时，湖南省由山地、丘陵地、平原、河湖、盆地等构成，地形地貌具有多样性，农业条件较好，但同时农业自然灾害较多，以湖南省为例具有一定的代表性。

① 通过查阅中国统计年鉴，对比数据得知。

表 4－2　2010—2019 年全国与湖南省稻谷播种面积及湖南省占比

年份	全国播种面积（千公顷）	湖南省播种面积（千公顷）	湖南省占比
2010	30097	4105.2	13.64%
2011	30338	4160.8	13.71%
2012	30476	4209.6	13.81%
2013	30710	4218.5	13.74%
2014	30765	4275.0	13.90%
2015	30784	4287.8	13.93%
2016	30746	4277.6	13.91%
2017	30747	4238.7	13.79%
2018	30189	4009.0	13.28%
2019	29694	3855.2	12.98%

数据来源：《中国省统计年鉴 2020》。

此外，本书研究种粮大户通过供应链融资模式获得资金，旨在缓解种粮大户的融资难题，湖南省作为全国粮食主产区，近年来种粮大户数量不断增加，种粮大户流转的耕地总面积也逐年增加。种粮大户等新型农业经营主体的正常生产经营，离不开土地流转，而湖南省的土地流转探索走在全国前列，益阳早在 2008 年就开始探索土地流转，但因流转期限短、流转收益低且风险高，流转率到 30% 时遇到瓶颈（邸敏学等，2016）。为突破瓶颈，2009 年由益阳市政府出手，摸索土地信托流转模式①（夏晓柏等，2013）。“益阳模式”是“政府出资在乡镇设立土地信托机构，农民在自愿的前提下，将名下的土地承包经营权委托给政府的土地信托机构，并签订土地信托合同，农业企业或大户再从信托公司手中连片租赁土地从事农业开发经营活动”②（李鹏，2013；周营莉，2013；皮修平等，2015）。到 2011 年，土地

① 资料来源于夏晓柏，彭立国《资本下乡的信托真相：湖南益阳土地流转调查》，2013 年，《21 世纪经济报道》。

② 资料来源于李鹏《土地信托激活农地流转》，2013，《中国房地产报》；周营莉《以信托促流转 益阳“草尾模式”有望推广》，2013，《粮油市场报》。

流转率突破了30%，农民收入大幅度增长（邸敏学等，2016）。自此，益阳模式、绍兴模式、龙岗模式在全国成为土地信托流转可行可借鉴的模式（周建军等，2017）。同时，据湖南省农业农村厅统计，2018年湖南省种植规模30亩以上的种粮大户为17.75万户，流转面积1634.48万亩；2019年全省种粮大户为16.06万户，流转面积1694.88万亩；2020年全省种粮大户为17.73万户，流转面积1781.18万亩。湖南省种粮大户数量众多，选择以湖南省为例具有一定的代表性。

4.1.2 湖南省种粮大户的基本情况

2018年至2020年湖南省不同种植规模的种粮大户数量及流转面积的具体情况如表4－3所示。

表4－3　近3年湖南省不同种植规模的种粮大户数量和流转面积统计表

种植规模（亩）	2018年（户）	2018年（亩）	2019年（户）	2019年（亩）	2020年（户）	2020年（亩）
[30，100]	144094	7525603	125393	7734677	139764	7564934
(100，200]	19953	2722205	21126	2925823	22012	3060568
(200，300]	7003	1671947	7336	1779390	7981	1940777
(300，500]	3493	1305876	3691	1398079	4203	1606691
(500，1000]	1834	1218499	1918	1268427	2115	1417018
(1000，1500]	610	735964	644	775314	660	784891
(1500－3000]	440	836516	403	783797	616	1158083
(3000－5000]	43	156743	45	158811	53	203322
5000以上	14	171424	12	124493	13	99113

注：数据来源于湖南省农业农村厅

从表4－3可看出，2019年比2018年种粮大户数量减少16916户，同比减少9.53%，流转耕地面积比2018年增加604010亩，同比增加3.7%；2020年种粮大户数比2019年增加16778户，同比增加10.45%，流转耕地面积比2019年增加862963亩，同比增加5.1%。2019年种粮大户的数量较2018年有一定的减少，尤其是30—100亩小规模的种粮大户数量减少较多，但 2020 年种粮大户的数量较 2019 年有较大幅度的回升，种粮大户的总数与 2018 年基本持平。2018—2020 年，30—100 亩的种粮大户数量先减后增，100 亩以上的种粮大户数量总体上逐年递增，除 1500—3000 亩规模与 5000 亩以上的种粮大户，2019 年在 2018 年的基础上稍有回调，2020 年在 2019 年的基础上有所回升，尤其是 1500—3000 亩种植规模的种粮大户，2020 年甚至比 2018 年增加了 176 户。2018—2020 年，总的流转面积逐年递增，30—100 亩种植规模的种粮大户数量虽然先减后增，流转面积先增后减，但在 2020 年种粮大户数量小于 2018 年数量的情形下，2020 年的总流转面积大于 2018 年的总流转面积，但 5000 亩以上规模的种粮大户的总流转面积逐年递减。这说明，全省土地适度规模化管理趋势明显，30—100 亩规模的种粮大户有扩大种植规模的意愿，愿意流转更多的土地来经营，5000 亩以上的种粮大户流转面积逐年减少说明超大规模的经营规模报酬已在递减，缩减经营规模才是理性选择。同时可得：湖南省种粮大户以中小型种粮大户增加为主，2020 年，30—100 亩的小型种粮大户较 2019 年增加约 1.44 万户，100—200 亩的中小型种粮大户较 2019 年增加 886 户，较 2019 年增长 4.19%，200—300 亩的中小型种粮大户较 2019 年增加 645 户，较 2019 年增长 8.79%。1500—3000 亩大规模种粮大户较 2019 年也明显增加，同比增加 213 户，较 2019 年增长 52.85%。

表 4－4　湖南省 14 个市（州）种粮大户流转耕地面积及户数

市（州）	户数（户）	流转耕地面积（亩）
长沙市	6972	748332.26
衡阳市	27321	2691109.42
株洲市	13276	1175960.84
湘潭市	3398	406352.304
邵阳市	13038	1306695.48
岳阳市	26823	2465127.98
常德市	24909	2610149.68
张家界市	624	106803.764

续表

市（州）	户数（户）	流转耕地面积（万亩）
益阳市	20656	2436249.52
郴州市	6894	716709.6
永州市	25255	2181089.2
怀化市	3894	353193.39
娄底市	3201	507904.94
湘西州	1085	106095.1

上述数据分析说明，2020 年湖南省种粮大户数量增加，流转面积也有所增加，尤其是 30—100 亩小规模的种粮大户较 2019 年有明显增加，1500 亩以上大规模的种粮大户也明显增加，原因如下：一是 2020 年中央和湖南省都加大了对粮食生产特别是双季稻生产的投入，双季稻区规模种植户受政策红利影响，积极性有所增加，据湖南省农业农村厅种植业管理处统计，1500 亩以上大规模的种粮大户数量较 2019 年明显增加。二是自 2015 年起，湖南省财政安排 5000 万元，每年扶持不超过 50 户 1500 亩以上（湘西、怀化、张家界 1000 亩以上）规模种植大户，扶持资金主要用于仓储、烘干设施建设及其配套设备购置，机耕道、排灌设施建设及其配套设备购置，集中育秧中心建设，农业新技术推广应用，大中型耕田、插秧、施药、收割农机具购置等，这有效地激励了大规模种粮大户的发展。三是春节返乡农民工因疫情影响，外出务工人员减少，流转小规模耕地种粮并就近就业人员增多，同时，外出务工人员的减少一定程度上缓解了种粮大户请工难的问题，进而间接地促进了中大型种粮大户户数和面积增加。四是受种粮投入成本高、效益偏低等因素影响，张家界、怀化、湘西州等 3 市（州）一季稻区种粮大户和散户的种粮积极性持续下降，大户数减少，散户不想种粮，低价流转耕地，部分大户被动增加流转面积。

2020 年湖南省 14 个市（州）种粮大户的总数量和总流转耕地面积如表 4 -4 所示。从表 4 -4 可看出，种粮大户数量较多的市依次为衡阳市、岳阳市、永州市、常德市、益阳市，种粮大户流转的总耕地面积较多的市依次为衡阳市、常德市、岳阳市、益阳市、永州市。其中，常德市、益阳市、岳阳市属于环洞庭湖区，地势较为平坦，市辖区内部分县域属于洞庭湖平原地貌，相对来说，100 亩以上大规模种粮大户数量较多；种粮大户从数量来说，益阳市比永州市少，常德市比永州市少，但从种粮大户总的流转面积来看，常德市仅次于衡阳市，位居全省第二，益阳市种粮大户总的流转面积大于永州市种粮大户的总的流转面积；衡阳市处于中南地区凹形面轴带部分，周围环绕岭脊山地，内镶大面积丘陵台地，属于典型的盆地形势，且衡阳盆地是湘中盆地的重要部分，南高北低，四周山丘围绕，中部平岗丘交错，这得天独厚的地貌及气候条件使得衡阳市成为全省种粮大户数量最多的市，种粮大户流转土地总面积也是全省最大的市；永州市地域面积 22441 平方千米，在全省 14 个市（州）中位居第二位，但地势三面环山，地貌复杂多样，属于以山丘地为主体，丘、岗、平俱全的复杂多样的地貌类型，所以虽然种粮大户数量在全省位居第三，但所有种粮大户总的流转面积却在全省位居第五。

4.1.3 湖南省金融环境

2019 年，湖南省金融运行总体平稳，涉农贷款、精准扶贫贷款继续保持增长态势，分别同比增长 11.0% 和 10.8%，民营小微、“三农”、扶贫等重点领域和薄弱环节的金融支持力度持续加大，农村普惠金融环境逐步形成，如表 4－5 所示，2019 年湖南省小型农村金融机构数达 4043 个，新型农村机构 160 个，共占总机构个数的 42.76%，已建立起以小型与新型农村金融机构为补充，中国农业银行、邮政储蓄等传统农村正规金融机构为主体的多功能、全方位的农村金融服务体系。根据《湖南省金融运行报告（2020）》统计，2019 年，湖南省累计挂牌农商行 102 家（法人机构），成为全国第 6 个全面完成农信社银行化改革的省份。全面推广农地经营权抵押贷款，稳慎探索开展农房财产权抵押贷款，湖南省农地经营权抵押贷款余额 13.2 亿元，农房财产权抵押贷款余额 21.9 亿元。

表 4-5　2019 年湖南省银行业金融机构情况

机构类别	机构个数（个）	从业人数（人）	资产总额（亿元）	法人机构（个）
大型商业银行	2463	48813	22414	0
国开行和政策性银行	117	2849	6734	0
股份制银行	382	10021	6491	0
城市商业银行	564	12213	10348	2
小型农村金融机构	4043	40127	12035	103
财务公司	5	153	477	4
信托公司	1	202	92	1
邮政储蓄	2081	17402	5085	0
外资银行	6	127	67	0
新型农村机构	160	2417	597	61
其他	7	965	721	3
合计	9829	135289	65062	174

数据来源：中国人民银行长沙中心支行《湖南省金融运行报告（2020）》。

注：小型农村金融机构包括农村商业银行、农村合作银行和农村信用社；新型农村机构包括村镇银行、贷款公司、农村资金互助社。

4.2 种粮大户融资现状

4.2.1 潜在融资需求大，但有效需求不足

自 2000 年以来，农村人口进城务工居多，家庭青壮年劳动力的缺乏为土地流转与农业现代化提供了契机，催生了一大批家庭农场、种养大户、农民合作社等经营主体。粮食作为特殊的大宗农产品，其生产不能光靠市场调节，当粮价处于高位时多种植，粮价疲软时减小种植规模，为保障粮食安全，每年粮食种植规模必须维持在一定的安全水平以上。粮食产业发展过程中粮食生产者的融资难题不容忽视，粮食生产前期要投入化肥、农药等生产资料，在粮食收购前要租赁机械化设备或者购买农业社会化服务，但粮食生产周期较长，受自然条件影响大，产出不确定性大，同时，抵押物与担保服务的缺乏，银行惜贷、拒贷情形时常出现，种粮大户“融资难、融资贵、融资慢”问题凸显。在粮食备耕生产过程中，当种粮大户自有资金不够，

其需要通过融资借贷完成备耕生产。融资的方式简单概括为正规金融机构融资与非正规金融机构融资（袁毅，2020）。正规金融机构融资流程复杂，且大部分要求提供抵押物或者担保服务，融资利率相对民间融资来说较低，非正规金融机构融资包括亲朋好友借贷、上下游企业间融资、民间借贷等，贷款流程相对简单，但存在借款数量有限、融资利率较高等问题。从有效问卷分析来看，目前有融资需求的种粮大户有479个，占总样本的比例约为85%；但已成功融到资的种粮大户仅为135个，占比仅为24%，说明大部分种粮大户想要融资，但可能因为利率高、缺乏抵押等原因未能顺利得到融资，使得种粮大户融资有效需求不足。当种粮大户们需要融资时，首先想到的借贷途径中，愿意选择正规金融机构的种粮大户占总样本的比例为62%，倾向于选择供应链上下游成员融资（供应链内部融资）的种粮大户占总样本的比例为20%，其余18%通常会选择从亲朋好友处借钱。

4.2.2 农村金融资金充足，但有效供给不足

虽然农户融资难题凸显，但农村金融资金充足（鲍曙光等，2021），1978—2012年间从农村向城市净流出的资金达266627.58亿元，金融机构是抽离农村资金的主力军（周振等，2015），农村金融素养的匮乏和城乡基础设施的差距是农村资金外流的深层次原因（钟腾等，2020）。目前，农村金融涉及的金融机构主要有中国农业银行、中国邮政储蓄银行等大中型银行，农业商业银行、农村信用社、农村合作银行、新型农村金融机构等农村金融机构（孙倩等，2018）。2007年，国家开始对涉农贷款进行统计，2007年末涉农贷款余额为6.1万亿元，涉农贷款占各项贷款比重为22%；2018年末，涉农贷款余额快速增加，已达32.7万亿元，涉农贷款占各项贷款比重增加到24%①，且股票与债券等直接融资发展较快，农产品期货市场从无到有，价格发现功能不断凸显②（央行，2018）。虽然近年来国家对农村金融愈发重视，2020年，农村金融机构总资产达161.47万亿元，比2019年

① 数据来源于央行发布的《中国农村金融服务报告（2018）》。

② 数据来源于央行发布的《中国农村金融服务报告（2018）》。

增长 9.04%，占银行金融机构 12.95% 的比例[①]。但金融资本具有典型的“嫌贫爱富”的逐利性，对农业的支持存在“掐尖”现象，金融机构从农村吸纳存款后将涉足其他利润较高的非农产业，抽离了大量的农村资金，导致出现农村金融资金充足，但有效供给不足的现象。因此，央行提出“要促进农村金融机构聚焦主责主业，回归当地，回归本源”[②]，这就要求金融机构增加资金供给。

4.2.3 “融资难、融资贵、融资慢”问题凸显

由于种粮大户缺乏抵押物，信用体系与担保体系不健全，经营管理不规范，财务管理较为混乱，当资金约束的种粮大户向金融机构提出贷款申请时，金融机构将会要求其提供抵押与担保服务，这就产生了种粮大户“融资难”问题。而种粮大户对资金的需求量小，频率高，而金融机构对每一笔贷款审核所付出的交易成本相差无几，无形中增加了交易费用，金融机构将不得不提高利率以应对高额的交易成本，这就导致种粮大户“融资贵”问题。由于粮食生产、病虫害防治、粮食收获都具有极强的时效性，且种粮大户信用与担保体系不完善，但融资过程中金融机构对融资需求的审核需要较长时间，这就产生种粮大户“融资慢”问题，可能会影响粮食备耕生产、病虫害防治、粮食收获等作业进度。

样本中 85% 的种粮大户的融资需求为 5 万元以内，有 5 万—30 万以内融资需求的种粮大户占总样本的比例为 6%，有 30 万以上融资需求的种粮大户占总样本的比例为 9%，说明大部分种粮大户的融资额较小，但融资频率高，无形中增加了融资的交易成本。样本中 86% 的种粮大户希望贷款期限为 6 个月以内，11% 的种粮大户希望贷款期限为 6 个月到 1 年，希望贷款期限为 1 年以上的种粮大户占总样本的比例仅为 3%，从中可看出，种粮大户的融资主要以短期融资为主。2020 年，样本中仅 11% 的种粮大户全部享

① 数据来源：银保监会《2019 年银行业总资产、总负债（季度）》、《2020 年银行业总资产、总负债（季度）》。

② 表述来源于央行发布的《中国金融稳定报告（2021）》。

受湖南省农业信贷融资担保有限公司提供的信贷担保服务（简称“政策性担保”），仅 15% 的种粮大户部分享受政策性担保，74% 的种粮大户完全没享受政策性担保。而未享受政策性担保的原因中，75% 的种粮大户没申请，5% 的种粮大户申请了但提交材料不齐全没审批通过，还有 20% 的种粮大户因为其他原因未获得政策性担保。这说明，大部分种粮大户对政策性担保不甚了解，样本种粮大户建议应通过各种渠道加大基层宣传力度，让种粮大户了解政策性担保政策，建立覆盖省、市（州）、县（市）三级的完善的政策性粮食担保体系，降低享受政策性担保服务的门槛，同时政府应为种粮大户提供担保费用补贴，增加政策性担保额度，鼓励社会资本参与农业融资担保业务。对于缓解“融资难、融资贵、融资慢”问题，样本中 87% 的种粮大户希望降低贷款门槛，100% 的种粮大户希望降低贷款利率，98% 的种粮大户希望缩短贷款审批时间，100% 的种粮大户希望政府给予贴息补贴，100% 的种粮大户希望政府给予保险费用补贴或为农业保险买单，100% 的种粮大户希望政府提供政策性担保。

4.3 国外关于农场融资的做法

4.3.1 美国农场融资经验

美国人均耕地面积 0.66 公顷，总耕地面积近 2 亿公顷，占世界耕地总面积的 13%，是世界上耕地面积最大的国家。农场是美国农业经营主体的主要承载方式，且大型农场占比接近 90%（夏金梅，2019）。数据表明，2016 年美国大型农场的产值占所有农产产值的比例为 45.2%（龙晓柏等，2018）。农业规模化和专业化发展，一方面使得美国农业获得了规模报酬，另一方面，农业规模化发展，增加了其应对市场风险与自然风险的能力，使得美国成为全球农业大国，也是世界上最大的农业现代化国家。

1916 年，美国国会通过《联邦农地抵押贷款法》，旨在建立美国农场信贷系统，在全国设立 12 个农业信贷区（徐俊，2015；盛劲松，2017），联邦政府在每个区设立 1 个联邦土地银行与土地协会，通过抵押贷款提供长期贷款业务，能获得贷款的农民必须参与合作社（王敏，2016，张新淇，

2018)。1923 年通过的《农业信贷法案》在每个区增设 12 家中期信贷银行，为销售阶段的农民提供融资服务（张新淇，2018）。由于经济危机爆发，农民逾期贷款增加，农地被银行没收，农民无地可种，为解决这一矛盾，1933 年通过了《美国农业信贷法案》，主要通过为金融机构提供再融资业务，将分散的信贷业务集约起来，使得农业信贷体系基本成熟。这一系列的法案为美国农场信贷体系的基本框架完善提供了基础，美国农业信贷体系的基本框架如图 4－1 所示。美国农业信贷体系中参与的金融机构有联邦土地银行、股份制土地银行、中期信贷银行、农业信贷公司、农业信贷管理局、生产信贷公司和生产信贷合作社、合作社中央银行与 12 个地区合作社银行等（于丽红，2015；王敏，2016；王煜宇，2017）。纵观美国农业信贷制度，联邦政府在制度建立与完善过程中处于主导地位，通过资金支持、政策支持与特殊支持实现信贷制度平稳运行。农业产业投资回报率低，投资风险大，资本的逐利性使得私人资本不愿进入农业领域，为此，政府介入农业信贷不可避免，而且具有必要性（王敏，2016）。但仅政府在介入农业信贷也不可取，一方面增加政府财政负担，另一方面对农业农民的真正融资需求不甚了解将不利于农业信贷体系的完善，所以农业信贷体系应建立在农民自助合作的基础上（卞进等，2015；于华江等，2015；王敏，2016;）。美国的农业金融以合作金融为主导模式，其基层组织形式主要为合作社（王敏，2016）。

同时，为解决农场的融资问题，美国整体提供了大量的农业补贴。受 1929—1933 年经济大萧条的影响，农产品价格降至最低点，农业经营者倾倒牛奶，焚毁棉花、粮食等农产品。1933 年富兰克林·罗斯福当选美国总统，积极推行罗斯福新政，调整农业政策，1933 年颁布的《农业调整法》为调整供求关系，一方面削减农产品种植面积，减少供给；另一方面，实施农产品价格支持政策，进而提高农产品价格，同时政府给予高额补贴，支持农场主对外倾销农产品。这一政策的实施，稳定了农业生产，缓解了美国农业危机。二战的爆发使得全球对美国粮食的需求激增，同时在美国高额的农业补贴下，使得美国农业生产蓬勃发展，伴随着美国农业机械化水平提高，农业技术不断进步。二战结束后美国修订了农业法，同时马歇尔计划为美国农业生产过剩提供了解决方案。20 世纪 70 年代，在世界粮食歉收且全球通货膨胀的大背景下，粮食需求旺盛，美国粮食产量连年增加，在供不应求的世界粮食市场上，美国农业补贴力度大，且价格与产量的同向增加，使得美国农场主获得了丰厚的收入，1972年美国普通家庭收入首次不及农户家庭的收入（刘景景，2018）。1977年美国颁布的《食物和农业法》提出谷物储备计划，以应对农产品价格波动。20世纪90年代以来，美国农业逐渐推行市场化改革，农业补贴根据形势变化，每隔5—8年推行新的农业法，农业补贴覆盖面积越来越广（樊明等，2011）。美国对农业的补贴主要通过对农业保险的补贴（Glauber，2013；张囝囡等，2017），这一政策也符合WTO组织的创新支农的绿箱政策（Smith等，2012；陶振，2018；赵将等，2019）。

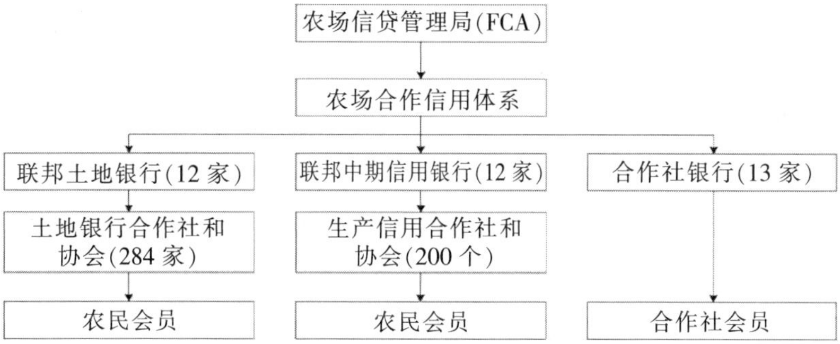

图4-1　美国农业信贷体系的基本框架

资料来源：于丽红．美国农场信贷体系及其启示［J］．农业经济问题，2015，36（03）：101-109+112.

4.3.2 法国农场融资经验

法国是个农业大国，地处欧洲西部，面积55.2万平方公里，农业用地较多，占国土面积的60%，大部分为平原，且全年降雨均匀，光照充足，温度适宜，拥有发展农业的良好自然环境。第二次世界大战之前，法国农业主要是小农经营为主，劳动生产效率低。历经第一次世界大战与第二次世界大战，法国农业受到重创，农产品自给率低，粮食主要依赖进口。为改善这一处境，法国大力推行土地适度集中，以1960年颁布的《农业指导法》与1962年颁布的《农业指导法补充法案》为代表的法令明确规定土地集中经营，鼓励土地买卖，政府控制农地价格，鼓励农民租赁、买卖或联合经营，通过减税、低息甚至无息等利率优惠的方式，促进效率较低的小型农场主动退出，为自愿退出农业经营的农民提供补贴及养老服务，这一政策的实施加速了土地集中，为农业现代化发展奠定了基础。同时，受第三次科技革命的影响，法国农业机械化发展迅速，大大提高了农业产量，并通过不断调整农业产业结构，到20世纪70年代初期，法国基本实现粮食自给自足，20世纪70年代中后期开始大量出口农产品，20世纪80年代主要关注农产品质量，20世纪90年代至今，法国农业发展强调环境保护与质量安全，实现可持续发展（周淑景，2009）。近年来，法国农场数量有所减少，但农业经济总量仍然保持增长态势。

法国农村金融机构体系是半官半民式互助发展，自上而下管理，国家控制，呈现金字塔形式，如图4－2所示，金字塔塔底是基层农业互助银行，中间是地区农业信贷互助银行，金字塔塔顶是法国农业信贷银行，农业信贷银行呈现“上官下民”的组织形式（王兴业，2010）。农业信贷银行在民间信用合作的基础上自上而下建立，自下而上持股，中层与下层为合作性金融机构，上层为政策性机构，接受国家监督与领导，贯彻执行农业金融政策。中下层主要由上层统筹，独立决策能力有限。这种半官半民式的互助银行模式的建立基于民间信用，且金融业务与国家政策紧密结合，有利于符合国家发展战略的农业项目的发展，同时合作互助银行实行民主监管，有助于农业可持续发展。同时，法国政府对农业贷款推行贴息制度，据统计，20世纪末法国政府每年花费50亿—60亿法郎为法国农业信贷银行发放的贷款提供利息补贴（崔光华，2008）。

图4－2　法国以合作制为基础的农村金融机构体系

20世纪70年代起，法国的补贴政策目标是提高农场主的收入，一是通过价格政策保护粮食生产者的种植积极性，平抑粮食价格波动，二是通过产供销一体化的粮食流通政策，提高农产品销售价格（卫荣，2017）。法国农场主不仅享受政府补贴，还能享受欧盟补贴，同时还能享受税收优惠，农业补贴是农场收入的主要来源（朱学新，2013）。法国农业保险的主要形式是农业互助保险，即在政府的资助下各级互助保险公司开展经营活动（孙晓杨等，2017）。

4.3.3 日本农场融资经验

日本位于亚洲，气候以温带季风气候为主，与其他亚洲国家一样，人均耕地面积少，其国土大多以山地、丘陵为主，耕地面积仅占国土总面积的11.1%，因此，小型农业结构是其农业的主要形式（樊明等，2011）。二战结束后，日本在美国的支持下进行农地制度改革，实行“耕者有其田”的制度，对土地面积进行限制，小农分散经营格局凸显，提高了农民生产的积极性，促进了农业生产。20世纪50年代，随着日本经济的发展，大量就业机会出现，选择兼业的农民越来越多，兼业收入成为其收入的主要来源，在这个时间段，日本政府颁布《农地法》，严格限制土地规模。20世纪60年代，日本政府出台《农业基本法》，旨在促进土地流转，但事与愿违，大量土地出租转让的现象并未出现，相反，兼业农民更多。20世纪70年代，日本政府修订20世纪50年代的《农地法》，形成《农地法改正法》，取消最大面积限制，放宽出租土地的条件，旨在通过流转土地使用权与经营权促进农业规模化经营，但效果一般。20世纪80年代日本政府又修订《农地法》并颁布《农地利用增进法》，对出租或出售土地的农户进行补贴，明显提高了日本的土地流转率，农业规模化经营初具雏形。20世纪80年代中期至今，日本政府先后多次修订《农地法》与《农地利用增进法》，并于1999年颁布《新农业基本法》，使得日本农业进入大规模与集约发展阶段，但总体来说，日本农业仍未脱离小规模的格局（樊明等，2011）。日本农业现代化过程中，日本农协发挥了重要作用，农协具有官民合办的属性，负责农业的“产供销加储运”（冯亮等，2018），是政府与农民联系的纽带与桥梁（朱信凯等，2015），90%的农户加入了农协（周波等，2009；陈立双，2011）。与美国、法国一样，日本对农业进行高额补贴并利用立法来进行制度保障，通过完善的保险机制为农业生产者收入的提高提供保障（马红坤等，2019；王学君等，2019；朴英爱等，2021；王鑫等，2021）。

与其他发达国家一样，日本也通过立法完善农业信贷制度，如《农林中央金库法》《农业协同组合法》与《农业信用担保保险法》等，通过投入大量资金到农村信用担保体系中，降低金融机构的风险（温信祥，2013；吴本健等，2020）。日本农业金融既有政策性金融，又有合作金融，还有其他金融机构（康书生等，2006；刘松涛等，2018）。农林渔业金融公库是日本支持农业发展的政策性金融机构，旨在为资金筹措困难的农林渔业者提供利率较低的长期贷款，其办理者必须为农协，农户不能直接向其申请（赵晓洁，2013）。合作金融主要是农协系统设立，呈现金字塔形式（代文建，2014），如图4－3所示，金字塔的底端是农业协同组合，在市町村一级，直接为农户办理信贷业务；金字塔的中间是信用农业协同组合联合会（简称“信农联”），在都道府县一级，在都道府县范围内运用、调剂与结算农业资金，旨在帮助基层农协进行资金管理。金字塔的顶端是农林中央金库，在全国范围内进行资金调剂、清算等，同时负责指导信农联的工作等。日本农村合作金融以农协为载体，是农协的一个子系统（罗秀娟等，2009；王勇，2011）。金字塔中的上下级之间独立核算，但上级对下级负有监管与指导职责。在日本的农业信贷政策运用中，政府通过《农协财务处理基准令》《临时利率调整法》《农业协同组合法》等相关立法来支持，同时通过保险与再保险等政策分担风险（谷慎等，2014；刘松涛等，2018），促进农业信贷发展。

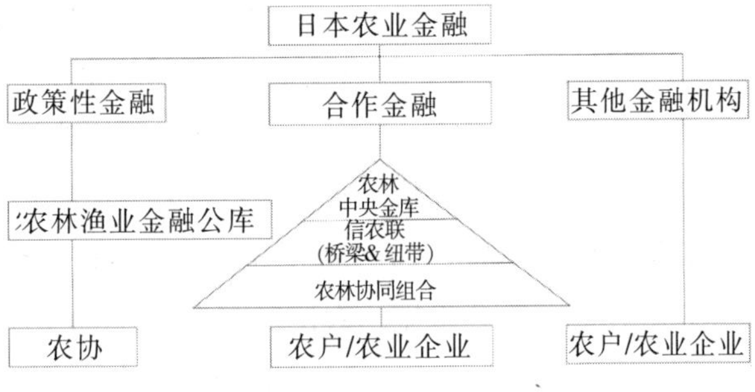

图4－3　日本农业信贷框架

4.4 探析造成种粮大户融资难题的主要原因

种粮大户的特征与中小企业的特征类似，都存在信用与担保体系不完善、缺乏抵押物、管理不规范、财务管理混乱等问题，因此本书借鉴中小企业融资问题的分析，剖析了种粮大户融资难题。相较而言，种粮大户的融资难题面临更大的挑战，因为农业生产尤其是粮食生产受自然条件的影响大，产出具有很大的不确定性。

4.4.1 信息不对称

信息不对称是指一些参与人拥有信息，而另一些参与人却没有拥有信息，信息经济学中将其称为代理方与委托方（张维迎，2001）。张维迎（2001）对信息不对称的分类如下：逆向选择模型、信号传递模型、信息甄别模型、隐藏信息的道德风险模型、隐藏行动的道德风险模型。

从逆向选择的角度来看，中小企业向金融机构融资过程中，金融机构对中小企业及其经营情况方面的信息了解甚少，这些都是不对称信息的来源。中小企业想要顺利从金融机构融到资，需要向银行披露诸如会计信息、投资决策、市场营销、技术创新与产品开发、生产情况、管理控制、人力资源和税收缴纳等信息（王宣瑜，2002，陈晓红等，2008）。但是，对大部分中小企业来说，管理与控制不正规，会计账簿记录不规范，税收缴纳记录也不完善，一方面是其不愿意向外披露真实的信息，另一方面也可能是其管理不规范没有金融机构要求的相应记录，这将使得中小企业隐藏信息。为了获得融资，其将倾向于提供有利于获得贷款的信息，隐瞒不利于获得贷款的信息（李善良，2012；谢江林，2016）。这种不对称信息使得金融机构难以准确判断该中小企业的经营情况及真实的财务信息，将增加金融机构的运营风险（谢江林，2016），但是对中小企业的贷款利率并不能全部按照市场化运作来确定，上浮空间有限，使得金融机构没有足够的动力为其提供贷款。种粮大户相对中小企业来说，处境更难，一方面，虽然一部分种粮大户，如家庭农场、合作社、农业企业进行了工商登记，有着与中小企业一样的工商、财务、税收材料，但与中小企业一样，由于管理不规范，这些资料记录不完善；另一方面，种粮大户的生产受自然条件的影响较大，产出具有很大的不确定性，这也是非对称信息的来源，将使得金融机构惜贷，这是导致中小企业“融资难”的一个重要原因。

从信息甄别的角度来看，金融机构无法全面了解中小企业的许多私人信息，金融机构提供的贷款合同，中小企业根据其自身条件选择合适的合同。由于中小企业市场具有逆向选择的特点，高风险的机会主义申请者充斥于市场中，其对无抵押的高利率贷款尤为偏好；而金融机构为保证经营安全，降低经营风险，将通过抵押担保机制来筛选愿意放贷的中小企业，所以中小企业必须提供相应的抵押担保才能顺利获得融资。但是中小企业的可抵押物少，愿为其提供担保的机构也较少（詹学刚，2016）。种粮大户相对于中小企业，其可抵押物更少，愿意为其提供担保的机构更少，虽然有政策性担保为其保驾护航，但根据调研数据分析可知能获得政策性担保的种粮大户少之又少，所以，缺乏抵押担保是种粮大户“融资难”的重要原因之一。

从道德风险的角度来看，当中小企业顺利获得贷款后，根据经济学中理性经济人假设，其将采取利己行为，这将使得金融机构面临道德风险，为降低道德风险，银行将通过激励机制设计激励中小企业按其预期行动。但中小企业经营不规范，信用意识不强，虚假财务信息泛滥，其真实财务信息无法准确反映至金融机构；同时由于我国立法尚不健全与完善，不能有效治理这种投机取巧的行为，所以，金融机构将采取惜贷来应对。对种粮大户来说，与中小企业相比，其一方面具上述分析特点，另一方面其生产受自然条件影响较大，产出不确定性大，金融机构将采取要么提高利率，要么拒贷的方式来应对，这是导致种粮大户“融资难、融资贵、融资慢”的重要原因之一。

4.4.2 交易成本高

1937 年，科斯提出交易成本理论。威廉姆森对交易成本理论进行了拓展，在其看来，企业之间、车间之间、操作的人与人之间都存在交易关系，认为“经济组织的核心问题在于节省交易成本”。有限理性及机会主义都是产生交易成本的原因，中小企业的融资也是一种市场交易活动，可从交易成本理论角度对其进行分析。与大型企业相比，中小企业的融资数额小，但金融机构每笔贷款所需要做的前期审核调查、贷中审查与贷后监督的工作差不多，其总成本相差无几，而在相同利率的情况下，大企业的融资额度大，其产生的利润比中小企业小额度的贷款产生的利润要多得多。当金融机构放贷相同额度的资金时，对大型企业来说，交易频率可能就是一次，但对中小企业来说，交易频率是大型企业的若干倍，而每次交易的总成本基本差不多，所以每一单位贷款额的交易成本，中小企业要比大型企业高得多。而这种交易成本是由交易双方共同承担的，体现在利率水平上，因此，中小企业贷款的利率相对大型企业来说要高一些。对种粮大户而言，情况与中小企业类似，种粮大户的生产条件导致其产出具有不确定性，同时由于粮食生产、收获都具有非常强的时效性，使得种粮大户对资金需求急，而且由于种粮大户分布较为分散，对贷前审核调查、贷中审查及贷后监督的成本较其他类型的企业更高，且时间更长，因此其融资的交易成本更高，但是种粮大户自身经营特点使得其无法承受高利率，金融机构将产生惜贷的行为，这是种粮大户“融资难、融资贵、融资慢”的重要原因之一。

4.4.3 种粮大户信用体系与担保体系不完善

近年来，随着农业现代化、规模化发展，新型农业经营主体逐渐浮现，但目前新型农业经营主体发展缺乏标准与规范，财务管理不规范，仍处于初级发展阶段。同时，我国征信体系尚不健全，涉农信用信息系统不完善，且农业生产较为分散，金融机构很难全面准确了解种粮大户的财务信息与经营状况。银行在放贷时会综合考虑放贷风险与收益，最终选择“惜贷”与“拒贷”，导致种粮大户融资需求不能得到有效满足。2021 年中央“一号文件”明确要“支持市县构建域内共享的涉农信用信息数据库，用 3 年时间基本建成比较完善的新型农业经营主体信用体系”（中共中央 国务院关于全面推进乡村振兴加快农业农村现代化的意见，2021），说明国家与政府已意识到新型农业经营主体信用体系不完善给种粮大户融资与金融机构农村金融业务的开展造成了不利影响。此外，种粮大户担保体系不完善，政策性担保覆盖面窄。调查样本数据显示，种粮大户在融资过程中，需要担保服务的占总融资大户数的 89%，说明种粮大户在融资过程中需要提供担保才能成功融到资。同时，调查数据显示，88%的种粮大户选择亲朋好友作为担保人，5%的种粮大户选择村干部作为担保人，4%的种粮大户选择农业政策性担保机构作为担保人，3%的种粮大户选择企业作为担保人，这说明我国种粮大户融资担保体系不完善。虽然目前国家提供政策性担保服务，但从调查数据来看，全部享受政策性担保服务的种粮大户仅占11%，部分享受的占15%，74%的完全没享受政策性担保服务；而未享受政策性担保服务的主要原因是不知道有政策性担保或者未申请，仅5%的种粮大户申请了但审批未通过。由于信用与担保体系不完善，金融机构在审批时花费的时间较长，但粮食生产、收获等工序具有很强的时效性，这就产生了“融资慢”问题。因此，信用体系与担保体系不完善是种粮大户“融资难、融资贵、融资慢”的重要原因之一。

4.5 本章小结

本章首先分析了湖南省粮食种植业在全国的地位，湖南省种粮大户的基本情况，及湖南省金融环境。其次分析了种粮大户的融资现状，主要表现为潜在融资需求大，但有效需求不足；农村金融资金充足，但有效供给不足；“融资难、融资贵、融资慢”问题凸显。再次，对美国、法国、日本等发达国家农场融资经验进行了总结。最后对种粮大户“融资难、融资贵、融资慢”问题进行了原因探析，主要原因是信息不对称、交易成本高、信用体系及担保体系不完善等。

第 5 章　种粮大户融资渠道选择及供应链融资意愿的实证分析

第 4 章分析了种粮大户的融资现状，本章将实证分析种粮大户融资渠道选择及其影响因素、供应链融资意愿及其影响因素。分析表明种粮大户倾向于选择正规金融机构融资，且交易成本显著影响种粮大户融资渠道的选择；种粮大户供应链融资意愿较强，应推广订单种植，增强粮食供应链的稳定性，同时要加大普及粮食供应链及供应链融资相关内容。

5.1 种粮大户融资渠道选择

5.1.1 模型构建

在本书的模型中，种粮大户在做出融资决策时面临两种选择，且这两种选择互相排斥，依陈强（2014）所述，二值选择模型有 Logit 模型和 Probit 模型，二者的区别在于误差项的分布不同，前者的分布为逻辑分布，后者的分布为标准正态分布，由于标准正态分布没有解析表达式，而逻辑分布有解析表达式，所以 Logit 模型更方便，此外，Probit 模型无法对系数进行解释，所以实践中更多运用 Logit 模型，故本章也应用 Logit 模型。种粮大户选择正规金融机构融资，则因变量 $y = 1$，否则因变量 $y = 0$，影响因变量 y 的 n 个自变量分别为 $X_1, X_2, X_3, \cdots, X_n$，对应的 Logit 回归模型如式（5.1）所示。

$$logit[p(y=1)] = \ln\left[\frac{p(y=1)}{1-p(y=1)}\right] = \beta_0 + \beta_1 X_1 + \beta_2 X_2 + \cdots + \beta_n X_n \quad (5.1)$$

式（5.1）中，因变量为种粮大户选择正规金融机构融资的概率，β_0 为截距项，X_i 对应自变量，在后面的实证分析中将根据边际效应进行解释。

5.1.2 抽样说明及回收有效样本的基本情况

据湖南省农业农村厅统计，2020 年全省种粮大户数量共计 177346 个，所有种粮大户流转耕地的总面积为 1781.18 万亩，而全省 62 个种粮大县总的种粮大户数量为 162690 户，占全省种粮大户数量的 91.74%，全省 62 个种粮大县所有种粮大户的流转耕地总面积为 1611.71 万亩，占全省种粮大户流转耕地总面积的 90.49%，所以本书将从 62 个种粮大县抽取部分样本。

据吴明隆（2010）所述，在样本抽样时，当总体有限，样本抽样数可参考式（5.2）来确定。

$$n \geqslant \frac{N}{\left(\frac{\alpha}{k}\right)^2 \frac{N-1}{P(1-P)} + 1} \quad (5.2)$$

其中，n 为样本量，N 为总体样本数，P 通常设定为 0.5，此时可得到最可信的样本大小，α 为显著水平，通常设定为 0.05，即 $\alpha = 0.05$，k 为分位数，当显著水平 $\alpha = 0.05$ 时，分位数 $k = 1.96$。同时，吴明隆（2010）指出，样本抽样数与总体样本数并非成比例关系，即样本总体数增加几倍时，抽样样本数并不是要增加到相应的几倍。

表 5－1　62 个种粮大县融资渠道选择样本大户空间分布

县（市）	样本数	县（市）	样本数	县（市）	样本数
长沙市浏阳市	4	邵阳市洞口县	3	益阳市安化县	4
长沙市长沙县	9	邵阳市新宁县	2	益阳市南县	13
长沙市望城区	1	邵阳市武冈市	2	郴州市桂阳县	3
长沙市宁乡市	7	岳阳市汨罗市	8	郴州市宜章县	3
衡阳市衡阳县	27	岳阳市平江县	3	郴州市永兴县	2

续表

县（市）	样本数	县（市）	样本数	县（市）	样本数
衡阳市衡南县	12	岳阳市湘阴县	15	郴州市安仁县	5
衡阳市衡山县	2	岳阳市临湘市	7	永州市冷水滩区	7
衡阳市衡东县	4	岳阳市华容县	16	永州市零陵区	9
衡阳市祁东县	3	岳阳市岳阳县	13	永州市祁阳县	13
衡阳市常宁市	9	常德市安乡县	4	永州市东安县	4
衡阳市耒阳市	12	常德市鼎城区	16	永州市道县	8
株洲市茶陵县	3	常德市汉寿县	8	永州市江华县	2
株洲市攸县	11	常德市澧县	4	永州市宁远县	13
株洲市醴陵市	14	常德市临澧县	5	怀化市溆浦县	3
株洲市渌口区	4	常德市石门县	3	怀化市芷江县	1
湘潭市湘潭县	6	常德市桃源县	17	怀化市沅陵县	1
湘潭市湘乡市	3	张家界市慈利县	1	娄底市双峰县	4
邵阳市邵东市	6	益阳市资阳区	5	娄底市新化县	1
邵阳市新邵县	6	益阳市赫山区	10	娄底市涟源市	2
邵阳市邵阳县	4	益阳市沅江市	15	湘西州永顺县	1
邵阳市隆回县	3	益阳市桃江县	7		

根据上述描述，全省62个种粮大县总的种粮大户数量为162690户，则$N = 162690$，此时样本抽取数满足$n \geqslant 383.33$即可得到最可信的样本大小。在该研究中，2020年下半年课题组与湖南省农业农村厅种植业处及14个市（州）农业农村局种植业科沟通，最终确定从省内62个产粮大县中采用分层随机抽样的方式抽取700个进行调查，调查方式包括电话访谈、实地调研、发放问卷等。收回639份问卷，剔除答题逻辑不对的无效问卷及空白问题过多的问卷，最终有效问卷为564份。在收回的564份有效问卷中，近2年有过融资借贷经历的种粮大户共有413个，这413个样本大户分布如表5-1所示。

本书在进行问卷调查时给出的选项有供应链融资、正规金融机构融资、亲朋好友及其他方式，融资方式与样本数如表 5－2 所示。供应链融资包括外部融资与内部融资，外部融资是指以供应链核心企业的信用为担保向金融机构贷款的方式，内部融资是指向供应链上下游成员借款。但这 4 种渠道并不是独立互斥的，综合考虑，将融资渠道整合为正规金融机构与非正规金融机构两种，将亲朋好友与供应链内部融资方式都整合为非正规金融机构融资方式，将供应链外部融资整合到正规金融机构融资。

样本中种粮大户选择正规金融机构融资的个数为 314 个，选择非正规金融机构融资的个数为 99 个说明正规金融机构是融资的主要渠道，与童馨乐等（2015）的结论相反，可能的原因一是种粮大户与一般的农户有所区别，二是近年来经济社会发展，农村金融也得到长足发展。

表 5－2　融资方式汇总表

融资方式	样本数
供应链融资	45（其中外部融资 30 个）
正规金融机构	284
亲朋好友	25
其他	59

5.1.3 变量选择及描述性统计

本书基于交易成本视角分析种粮大户融资渠道的选择，将月利率、信息成本、谈判成本、执行成本作为自变量，借鉴以往研究（如罗振军，2017)，选取大户特征及大户家庭特征作为控制变量来分析，在稳健性检验中将来回总时间替换成距离，且增加了“是否党员”“是否参加培训”2 个变量，故变量说明中也增加了对这些变量的解释，具体的变量说明如表 5－3 所示。样本中种粮大户中男性为 348 个，女性为 65 个，说明种粮大户中男性居多。样本中的种粮大户 7 个小学文化程度，95 个初中文化程度，305 个高中或中专文化程度，5 个大专或本科文化程度，1 个研究生文化程度，表明种粮大户中高中或中专文化居多，初中文化程度的较多，调研中设置了小学以下这一选项，经统计这一选项为 0，说明种粮大户至少具有小学文化水平。

样本种粮大户中，小于30岁的种粮大户7个，30—39岁的种粮大户75个，40—49岁的种粮大户199个，50—59岁的种粮大户118个，60岁以上的种粮大户14个，表明种粮大户的年龄大多在40岁至60岁。样本种粮大户流转耕地面积情况如下：30—100亩的大户90个，100.1—300亩的大户175个，300.1—500亩的大户81个，500.1—1500亩的大户36个，1500.1亩以上的大户31个，说明这413个样本中，大部分是中等规模的大户。具体的描述性分析如表5－4所示。

表5－3　种粮大户融资渠道选择的变量设置及变量说明

变量名称				变量解释及赋值
被解释变量	融资渠道选择		*loanway*	1＝正规金融机构，0＝非正规金融机构
控制变量	大户特征	年龄	*age*	1＝小于30岁，2＝30－39岁，3＝40－49岁，4＝50－59岁，5＝60岁以上
		性别	*sex*	1＝男，0＝女
		文化程度	*edu*	小学＝1，初中＝2，高中或中专＝3，大专或本科＝4，研究生＝5
		营业执照	*legal*	1＝有，0＝无
		是否参加培训	*train*	1＝是，0＝否
		是否党员	*dy*	1＝是，0＝否
	家庭特征	劳动力	*labor*	家庭劳动力人数
		流转耕地面积	*area*	1＝30－100亩，2＝100.1－300亩，3＝300.1－500亩，4＝500.1－1500亩，5＝1500.1亩以上
		总收入	*reve*	1＝9.9万元以下，2＝10－29.9万元，3＝30－99.9万元，4＝100－149.9万元，5＝150万元以上
		总资产	*assets*	1＝49.9万元以下，2＝50－99.9万元，3＝100－199.9万元，4＝200－499.9万元，5＝500万元以上
		社会关系	*gx*	1表示有，0表示无
		地貌	*form*	1表示山区，2表示丘陵，3表示湖区/平原

续表

变量名称					变量解释及赋值
被解释变量	融资渠道选择			*loanway*	1 = 正规金融机构，0 = 非正规金融机构
核心解释变量	借贷成本		月利率	*interest*	月利率（%）
	信息成本		信息费	*inffee*	借贷期间产生的信息成本，1 = 100 元及以下，2 = 100 – 200 元，3 = 200.1 元以上
	交易成本	谈判成本	是否需要抵押物	*mort*	1 表示是，0 表示否
			是否需要担保	*guar*	1 表示是，0 表示否
			来回趟次	*times*	为借贷来回跑的趟数
			距离	*ldis*	与借款人或贷款机构的距离，1 = 5 公里以内，2 = 5.1 – 10 公里，3 = 10.1 – 20 公里，4 = 20.1 公里以上
			来回总时间	*time*	来回跑的总时间（小时）
		执行成本	等待天数	*days*	申请到放贷等待的天数（天）
			交通费	*trfee*	借贷期间的交通费，1 = 100 元及以下，2 = 100 – 200 元，3 = 200.1 元以上
			请客送礼费	*giftfee*	借贷期间的请客送礼费，1 = 小于等于 100 元，2 = 100 – 200 元，3 = 200.1 – 500 元，4 = 500.1 元以上
			手续费	*hfee*	借贷期间的手续费，1 = 100 元及以下，2 = 100 – 200 元，3 = 200.1 元以上

表 5 – 4　种粮大户融资渠道选择样本的描述性统计

变量	最小值（*M*）	最大值（*X*）	平均值（*E*）	标准偏差
sex	0	1	0.84	0.365
labor	1	7	2.28	0.821
edu	1	5	2.75	0.509
age	1	5	3.14	0.808
gx	0	1	0.47	0.500
area	1	5	2.38	1.140

续表

变量	最小值（*M*）	最大值（*X*）	平均值（*E*）	标准偏差
legal	0	1	0.85	0.362
form	1	3	2.24	0.734
reve	1	5	2.36	1.205
assets	1	5	2.79	1.109
loanway	0	1	0.80	0.403
interest	0	1.50	0.4985	0.195
mort	0	1	0.81	0.392
gura	0	1	0.84	0.367
time	2	15	4.59	1.552
times	1	3	1.84	0.486
days	1	25	11.43	5.012
trfee	1	3	1.68	0.534
giftfee	1	4	1.85	0.988
inffee	1	3	1.61	0.559
hfee	1	3	1.38	0.550

在进行多元回归时，首先应检查变量间的共线性关系。当容忍度 *Tol* 小于0.1或方差膨胀因子 *VIF* 大于10时说明存在共线性，反之则认为共线性问题可忽略（吴明隆，2010）。当存在共线性时，说明自变量所提供的信息是重叠的，可删除可能产生共线性的自变量减少重复信息（吴明隆，2010）。借鉴以往研究，控制变量选择了性别、年龄、文化程度、法人资格、劳动力、流转耕地面积、总收入、总资产、社会关系、地貌及借贷成本与相关交易成本，进行共线性检验后发现有两个容忍度均小于0.1，有2个方差膨胀因子大于10，说明自变量间可能存在共线性问题。结合共线性问题的解决方案，考察所有自变量发现，总资产与总收入提供的信息存在重叠，结合融资行为特征，将总收入变量予以删除，删除信息重叠的自变量后再进行共线性检验，发现容忍度均大于0.1，且方差膨胀因子均远小于10，

说明此时共线性问题可忽略。

5.1.4 模型设定检验

在分析 Logit 模型实证分析结果之前，首先检验模型设定是否合理，利用 SPSS 22 进行分析后得到表 5－5，表 5－6，表 5－7，表 5－8，表明模型设定合理，预测效果理想。

表 5－5　种粮大户融资渠道选择模型系数的 Omnibus 检验

	卡方	自由度	显著性
步长（*T*）	330.894	19	0.000
块	330.894	19	0.000
模型	330.894	19	0.000

从表 5－5 可看出，显著性小于 0.05，这说明 LogitP 与全体解释变量之间的线性关系显著，模型选取是合理的。

表 5－6　种粮大户融资渠道选择的 Hosmer 和 Lemeshow 检验

步长（*T*）	卡方	自由度	显著性
1	20.572	8	0.008

从表 5－6 中可看出，显著性大于 0.05，接受原假设，表示方程拟合效果理想。

表 5－7　种粮大户融资渠道选择的 Hosmer 和 Lemeshow 检验的列联表

	loanway = 非正规金融机构		loanway = 正规金融机构贷款		总计
	观测值	期望值（*E*）	观测值	期望值（*E*）	
1	40	40.951	1	0.049	41
2	36	33.893	5	7.107	41
3	6	7.093	35	33.907	41
4	2	1.341	39	39.659	41
5	0	0.438	41	40.562	41

续表

	loanway = 非正规金融机构		loanway = 正规金融机构贷款		总计
	观测值	期望值（E）	观测值	期望值（E）	
6	0	0.165	41	40.835	41
7	0	0.069	41	40.931	41
8	0	0.032	41	40.968	41
9	0	0.014	41	40.986	41
10	0	0.004	44	43.996	44

从表5－7中可看出，观测值与期望值较相近，说明模型拟合效果理想。

从表5－8中可看出，75个选择非正规金融机构的种粮大户被准确预测，正确率为89.3%，323个选择正规金融机构的种粮大户被准确预测，正确率为98.2%，总的正确率为96.4%，这说明预测效果理想。

表5－8　种粮大户融资渠道选择模型预测正确率

观测值		预测值		
		loanway		百分比正确
		非正规金融机构	正规金融机构贷款	
loanway	非正规金融机构	75	9	89.3
	正规金融机构贷款	6	323	98.2
总体百分比				96.4

5.1.5 回归分析及结果解读

利用Stata 15进行基准回归，如表5－9所示。对于执行成本，从申请到放贷的等待天数在1%的水平上负向影响种粮大户融资渠道的选择，边际效应为1.6%，表明给定其他变量，等待天数每增加一个单位，种粮大户选择正规金融机构融资的可能性就降低1.6%。交通费在1%的水平上负向影响种粮大户融资渠道的选择，边际效应为6%，表明给定其他变量，交通费每增加一个单位，种粮大户选择正规金融机构融资的可能性就降低6%。请客送礼费在5%的水平上负向影响种粮大户融资渠道的选择，边际效应为5.9%，表明给定其他变量，请客送礼费每增加一个单位，种粮大户选择正规金融机构融资的可能性就降低5.9%。手续费在1%的水平上负向影响种粮大户融资渠道的选择，边际效应为8.6%，表明给定其他变量，手续费每增加一个单位，种粮大户选择正规金融机构融资的可能性就降低8.6%。从表5－9可看出，准R^2为0.806，LR统计量为336.422，对应的p值为0.00，由此可得，整个方程的所有系数的联合显著性较高。从表5－9可看出，针对借贷成本变量，月利率并不显著影响种粮大户融资渠道的选择，原因在于，亲朋好友借贷虽然利率低，但是额度有限，同时，据调研统计，不管是正规金融机构融资，还是非正规金融机构融资，都有借款合同或借据这一书面凭证，正规金融机构月利率高于供应链内部融资或者亲朋好友融资利率，低于民间借贷利率，与此同时，由于粮食的公共品属性，政府对粮食生产者融资将给予一定的补贴优惠，最终使得影响不显著，但影响是负向的，表明给定其他变量，随着月利率的增加，种粮大户选择正规金融机构融资的可能性减小。

对于谈判成本，是否需要抵押并不显著影响种粮大户融资渠道的选择，调研数据显示，融资成功的种粮大户中，81.11%需要抵押物，抵押物主要为未来种植收入及房屋，所以是否需要抵押物并不显著影响融资渠道的选择。融资来回总时间并不显著影响种粮大户融资渠道的选择，调研发现，相比正规金融机构融资，非正规金融机构融资来回时间更短，但其融资额度有限，且正规金融机构融资或将获得政府给予的融资优惠补贴，这两种结果对冲使得其对种粮大户融资渠道的选择影响不显著。是否需要担保在1%的水平上正向显著，边际效应为7.9%，表明给定其他变量，担保服务的提供，种粮大户选择正规金融机构融资的可能性增加7.9%。为成功融资来回趟次在1%的水平上负向显著，边际效应为6.7%，表明给定其他变量，来回趟次每增加一个单位，种粮大户选择正规金融机构融资的可能性增加6.7%。

表 5－9　融资渠道选择的基准 logit 回归模型

loanway	Coef.	St. Err.	t－value	p－value	dy/dx
sex	0.184	0.887	0.21	0.835	0.005
labor	1.589*	0.852	1.86	0.062	0.045
edu	0.613	0.622	0.98	0.325	0.017
age	0.326	.421	0.77	0.438	0.009
gx	1.549**	0.749	－2.07	0.039	0.044
area	0.186	0.792	－0.24	0.814	0.004
legal	0.017	0.525	0.03	0.974	0.001
form	5.023***	1.383	3.63	0.000	0.142
assets	0.002	0.001	1.13	0.257	0.000
interest	－1.151	1.96	0.59	0.557	－0.042
mort	0.628	0.955	0.66	0.51	0.019
gura	2.76***	1.011	2.73	0.006	0.079
time	－0.193	0.282	－0.69	0.493	－0.006
times	－2.487***	0.898	2.77	0.006	－0.072
days	－0.553***	0.096	5.79	0.000	－0.016
trfee	－2.099***	0.808	2.60	0.009	－0.060
giftfee	－0.362**	0.766	0.47	0.045	－0.059
inffee	－1.47	0.952	1.54	0.122	－0.042
hfee	－3.048***	0.911	－3.35	0.001	－0.086
Constant	－20.912***	5.765	－3.63	0	
Mean dependent var		0.797	SD dependent var		0.403
Pseudo r－squared		0.806	Number of obs		413.000
Chi－square		336.422	Prob ＞ chi2		0.000
Akaike crit.（AIC）		120.763	Bayesian crit.（BIC）		195.210

注：*** $p<0.01$，** $p<0.05$，* $p<0.1$，下表同。

对于信息成本，信息费并不显著影响种粮大户融资渠道的选择，原因在于，不管选择哪种渠道融资，信息费都是必不可少的，最终使得其对种粮大户融资渠道选择的效应较为模糊。

对于执行成本，从申请到放贷的等待天数在1%的水平上负向影响种粮大户融资渠道的选择，边际效应为1.6%，表明给定其他变量，等待天数每增加一个单位，种粮大户选择正规金融机构融资的可能性就降低1.6%。交通费在1%的水平上负向影响种粮大户融资渠道的选择，边际效应为6%，表明给定其他变量，交通费每增加一个单位，种粮大户选择正规金融机构融资的可能性就降低6%。请客送礼费在5%的水平上负向影响种粮大户融资渠道的选择，边际效应为5.9%，表明给定其他变量，请客送礼费每增加一个单位，种粮大户选择正规金融机构融资的可能性就降低5.9%。手续费在1%的水平上负向影响种粮大户融资渠道的选择，边际效应为8.6%，表明给定其他变量，手续费每增加一个单位，种粮大户选择正规金融机构融资的可能性就降低8.6%。

对于控制变量，家庭劳动力人数在10%的水平上正向影响种粮大户融资渠道的选择，边际效应为4.5%，表明给定其他变量，种粮大户家庭劳动力人数每增加一个单位，其选择正规金融机构融资的可能性就增加4.5%，与罗振军（2017）的结论相反，可能的解释是家庭劳动力多，偿还能力越强，所以越偏向于正规金融机构融资。是否有社会关系在5%的水平上正向显著，边际效应为4.4%，表明给定其他变量，种粮大户有相关社会关系①，其选择正规金融机构融资的可能性就增加4.5%。是否有营业执照在1%的水平上正向显著，边际效应为14.2%，表明给定其他变量，种粮大户拥有营业执照，其选择正规金融机构融资的可能性就增加14.2%，这与任晓娜（2015a，2015b）提出应明确种粮大户的社会身份相吻合，种粮大户社会身份的确认将促进其获得正规金融机构融资。

5.1.6 稳健性检验

一般认为，稳健性检验包括替换数据和变量、变换模型和估计方法、设置控制变量等方法（刘西川，2020），本书将选择替换变量及变换模型的方

① 注：调研中设置了有亲朋好友在政府部门工作，有亲朋好友在金融部门工作，有亲朋好友是村干部的选项，最终将其综合归为社会关系变量。

法来检验。

1. 替换变量

来回总时间越长，与借款人或贷款机构的距离也将越远，所以将来回总时间变量换成与借款人或贷款机构的距离变量进行回归得到表 5-10，与基准模型结果（表 5-9）相比，模型总体显著性未改变，自变量的影响方向并未发生改变，自变量的显著性社会关系由 5% 水平上显著变成了在 10% 水平上显著，交通费由 1% 水平上显著变成了在 5% 水平上显著，其他自变量的显著性并未发生改变，说明模型是稳健的。

表 5-10　相近变量替换后的种粮大户融资渠道选择的稳健性检验

loanway	Coef.	St. Err.	t - value	p - value	dy/dx
sex	0.222	0.875	0.25	0.799	0.006
labor	1.615 *	0.838	1.93	0.054	0.046
edu	0.613	0.628	0.97	0.330	0.017
age	0.307	0.421	0.73	0.465	0.008
gx	1.394 *	0.722	-1.93	0.067	0.039
area	0.141	0.799	-0.18	0.86	0.003
legal	0.105	0.513	0.21	0.837	0.003
form	4.86 ***	1.351	3.60	0.000	0.138
assets	0.005	0.006	0.76	0.446	0.000
interest	-0.973	1.855	0.52	0.600	-0.036
mort	0.341	0.919	0.37	0.711	0.010
gura	2.434 ***	0.944	2.58	0.007	0.070
ldis	-0.204	0.276	-0.74	0.460	-0.006
times	-0.545 ***	0.094	5.81	0.000	-0.016
days	-2.048 **	0.801	2.56	0.011	-0.059
trfee	-0.383 **	0.74	0.52	0.047	- 0.010
giftfee	-1.267	0.914	1.39	0.165	- 0.036
inffee	-3.051 ***	0.926	-3.30	0.001	-0.086
Constant	-19.738 ***	5.472	-3.61	0.000	

续表

loanway	Coef.	St. Err.	t - value	p - value	dy/dx
Mean dependent var	0.797		SD dependent var		0.403
Pseudo r - squared	0.805		Number of obs		413.000
Chi - square	335.741		Prob > chi2		0.000
Akaike crit. (AIC)	121.443		Bayesian crit. (BIC)		201.912

2. 变换模型

采用二元 probit 模型分析得到表 5-11，与基准模型结果（表 5-9）相比，模型总体显著性未改变，自变量的影响方向也未发生改变，自变量的显著性并未发生改变，进一步说明模型是稳健的。

表 5-11 变换模型后种粮大户融资渠道选择的稳健性检验

loanway	Coef.	St. Err.	t - value	p - value	dy/dx
sex	0.010	0.466	0.02	0.984	0.001
labor	0.727*	0.429	1.69	0.091	0.041
edu	0.184	0.323	0.57	0.569	0.010
age	0.069	0.216	0.32	0.748	0.004
gx	0.847**	0.379	-2.23	0.026	0.048
area	0.080	0.401	0.20	0.842	0.005
legal	0.033	0.27	0.12	0.903	0.002
form	2.411***	0.665	3.63	0.000	0.136
assets	0.001	0.001	0.92	0.358	0.000
interest	-0.988	0.897	1.10	0.271	-0.056
mort	0.364	0.507	0.72	0.473	0.021
gura	1.508***	0.518	2.91	0.004	0.085
time	-0.119	0.152	-0.78	0.433	-0.007
times	-1.304***	0.460	2.84	0.005	-0.074
days	-0.279***	0.045	6.23	0.000	-0.016
trfee	-1.104***	0.425	2.59	0.009	-0.062

续表

loanway	Coef.	St. Err.	t – value	p – value	dy/dx
giftfee	-0.087**	0.381	0.23	0.042	-0.005
inffee	-0.736	0.469	1.57	0.116	-0.042
hfee	-1.396***	0.436	-3.20	0.001	-0.079
Constant	-10.422***	2.731	-3.82	0.000	
Mean dependent var	0.797		SD dependent var		0.403
Pseudo r – squared	0.818		Number of obs		413.000
Chi – square	341.309		Prob > chi2		0.000
Akaike crit. (AIC)	119.875		Bayesian crit. (BIC)		208.391

5.2 种粮大户选择供应链融资模式的意愿

5.2.1 模型构建

在本书的模型中，因变量是种粮大户的供应链融资意愿，有 5 种选择，非常愿意、比较愿意、不确定、比较不愿意、非常不愿意，选择 Ologit 模型。

假设 $y^* = \alpha + x'\beta + \varepsilon$，$y^*$ 为潜在变量，不可观测，α 为常数项，β 为待估参数，ε 为干扰项，y 对应上述 5 种选择，1 为非常愿意，2 为比较愿意，3 为不确定，4 为比较不愿意，5 为非常不愿意，选择规则如式（5.3）所示。

$$y = \begin{cases} 1,若y^* \leqslant d_1 \\ 2,若d_1 < y^* \leqslant d_2 \\ 3,若d_2 < y^* \leqslant d_3 \\ 4,若d_3 < y^* \leqslant d_4 \\ 5,若d_4 < y^* \end{cases} \tag{5.3}$$

其中，$d_1 < d_2 < d_3 < d_4$ 为待估参数，也称为“切点”（在输出结果中记为“cut”）。ε 服从 Logistic 分布，设其分布为 $F(x,\beta)$，概率密度函数为

$f(x,\beta)$，则有

$$\begin{cases} P(y=1\mid x)=F(d_1-x'\beta) \\ P(y=2\mid x)=P(x'\beta+\varepsilon\leqslant d_2)-F(d_1-x'\beta) \\ P(y=3\mid x)=P(x'\beta+\varepsilon\leqslant d_3)-F(d_2-x'\beta) \\ P(y=4\mid x)=P(x'\beta+\varepsilon\leqslant d_4)-F(d_3-x'\beta) \\ P(y=5\mid x)=1-F(d_4-x'\beta) \end{cases} \tag{5.4}$$

由于 $F(x,\beta)$ 是 Logistic 分布，则有

$$\begin{cases} P(y=1\mid x)=1/(1+e^{\alpha+x'\beta+d_1}) \\ P(y=2\mid x)=1/(1+e^{\alpha+x'\beta+d_2})-1/(1+e^{\alpha+x'\beta+d_1}) \\ P(y=3\mid x)=1/(1+e^{\alpha+x'\beta+d_3})-1/(1+e^{\alpha+x'\beta+d_2}) \\ P(y=4\mid x)=1/(1+e^{\alpha+x'\beta+d_4})-1/(1+e^{\alpha+x'\beta+d_3}) \\ P(y=5\mid x)=1-1/(1+e^{\alpha+x'\beta+d_4}) \end{cases} \tag{5.5}$$

由式（5.5）可得 Ologit 回归方程如式（5.6）所示。

$$ln\left(\frac{P(y\leqslant n)}{1-P(y\leqslant n)}\right)=d_n-\alpha-x'\beta,n=1,2,3,4,5 \tag{5.6}$$

在参数估计中要假设式（5.5）中的几个方程的回归系数完全相同，即满足平行斜率假设。同时，由于 Ologit 模型估计只能判断解释变量显著与否、在多大显著水平上显著、影响方向如何，并不能对参数直接进行解释，与二值 Logit 模型一样，要计算其边际效应才能分析解释变量对种粮大户选择供应链融资意愿的影响程度及方向。当 x_j 为连续变量时，由式（5.5）推出其对种粮大户选择供应链融资意愿的边际效应如式（5.7）所示。

$$\begin{cases} \partial P(y=1\mid x)/\partial x_j=-f'(d_1-x'\beta-\alpha)\beta_j \\ \partial P(y=2\mid x)/\partial x_j=[f'(d_1-x'\beta-\alpha)-f'(d_2-x'\beta-\alpha)]\beta_j \\ \partial P(y=3\mid x)/\partial x_j=[f'(d_2-x'\beta-\alpha)-f'(d_3-x'\beta-\alpha)]\beta_j \\ \partial P(y=4\mid x)/\partial x_j=[f'(d_3-x'\beta-\alpha)-f'(d_4-x'\beta-\alpha)]\beta_j \\ \partial P(y=5\mid x)/\partial x_j=f'(d_4-x'\beta-\alpha)\beta_j \end{cases} \tag{5.7}$$

当 x_j 为离散变量时，其对种粮大户选择供应链融资意愿的边际效应如式（5.8）所示。

$$\partial P(y=1 \mid x)/\partial x_j = P(y=n \mid x_j=1) - P(y=n \mid x_j=0) \quad (5.8)$$

由式（5.7）得，当 $y=1$ 时，解释变量 x_j 的边际效应与 β_j 的方向相反，当 $y=2,3,4$ 时，解释变量 x_j 的边际效应方向无法确定，当 $y=5$ 时，解释变量 x_j 的边际效应与 β_j 的方向相同，且总的边际效应之和为0。

5.2.2 变量选择及描述性统计

本模型分析的样本数是564个。具体抽样分布如表5-12所示。

表5-12　62个种粮大县供应链融资意愿样本大户分布

县（市）	样本数	县（市）	样本数	县（市）	样本数
长沙市浏阳市	5	邵阳市洞口县	6	益阳市安化县	7
长沙市长沙县	10	邵阳市新宁县	5	益阳市南县	15
长沙市望城区	2	邵阳市武冈市	5	郴州市桂阳县	3
长沙市宁乡市	10	岳阳市汨罗市	8	郴州市宜章县	3
衡阳市衡阳县	35	岳阳市平江县	4	郴州市永兴县	3
衡阳市衡南县	14	岳阳市湘阴县	23	郴州市安仁县	8
衡阳市衡山县	5	岳阳市临湘市	9	永州市冷水滩区	10
衡阳市衡东县	6	岳阳市华容县	22	永州市零陵区	13
衡阳市祁东县	4	岳阳市岳阳县	18	永州市祁阳县	20
衡阳市常宁市	13	常德市安乡县	6	永州市东安县	6
衡阳市耒阳市	17	常德市鼎城区	23	永州市道县	12
株洲市茶陵县	6	常德市汉寿县	10	永州市江华县	3
株洲市攸县	12	常德市澧县	7	永州市宁远县	16
株洲市醴陵市	20	常德市临澧县	7	怀化市沅陵县	1
株洲市渌口区	5	常德市石门县	5	怀化市溆浦县	5
湘潭市湘潭县	7	常德市桃源县	22	怀化市芷江县	1
湘潭市湘乡市	4	张家界市慈利县	1	娄底市双峰县	5
邵阳市邵东市	8	益阳市资阳区	7	娄底市新化县	2

续表

县（市）	样本数	县（市）	样本数	县（市）	样本数
邵阳市新邵县	7	益阳市赫山区	11	娄底市涟源市	4
邵阳市邵阳县	6	益阳市沅江市	18	湘西州永顺县	1
邵阳市隆回县	5	益阳市桃江县	8		

表 5-13 供应链融资意愿的变量设置及变量说明

变量			变量说明
被解释变量	供应链融资意愿	*scf*	1 = 非常愿意选择供应链融资,2 = 比较愿意,3 = 不确定,4 = 比较不愿意,5 = 非常不愿意
控制变量	年龄	*age*	1 = 小于30岁,2 = 30 - 39岁,3 = 40 - 49岁,4 = 50 - 59岁,5 = 60岁以上
	性别	*sex*	1 = 男,0 = 女
	文化程度	*edu*	小学 = 1,初中 = 2,高中或中专 = 3,大专或本科 = 4,研究生 = 5
	营业执照	*legal*	是否有营业执照,1 = 有,0 = 无
	培训	*train*	是否参加培训,1 = 是,0 = 否
	合作社	*coop*	是否加入合作社,1 = 是,0 = 否
	总人口	*pop*	家庭总人口
	流转面积	*area*	1 = 30—100亩,2 = 100.1—300亩,3 = 300.1—500亩,4 = 500.1—1500亩,5 = 1500.1亩及以上
	总资产	*assets*	1 = 49.9万元以下,2 = 50 - 99.9万元,3 = 100 - 199.9万元,4 = 200 - 499.9万元,5 = 500万元以上
	社会关系	*gx*	1表示有,0表示无
	流转形式	*cform*	1 = 口头,2 = 书面,3 = 口头和书面合同都有
	认证	*brand*	1 = 有相关认证,0 = 无
	销售难度	*sale*	1 = 非常困难,2 = 比较困难,3 = 一般,4 = 比较容易,5 = 非常容易,供不应求

续表

变量			变量说明
被解释变量	供应链融资意愿	*scf*	1 = 非常愿意选择供应链融资,2 = 比较愿意,3 = 不确定,4 = 比较不愿意,5 = 非常不愿意
核心解释变量	供应链	*sc*	对粮食供应链的了解程度,1 = 了解,2 = 听说过,3 = 不了解
	供应链稳定性	*scs*	1 = 稳定,0 = 不稳定
	供应链 金融	*ljscf*	对粮食供应链金融的了解程度,1 = 完全不了解,2 = 听说过,3 = 了解,4 = 了解并运用过
	订单合同	*order*	1 = 部分签订,2 = 全部未签订
	保险	*zcbx*	是否享受政策保险,1 = 是,0 = 否
	担保	*czguar*	是否享受财政担保,1 = 是,0 = 否
	信用	*credit*	以往还贷情况，0 = 无法确定（未融资或未到期），1 = 按期还款，2 = 未按期还款

分析种粮大户选择供应链融资的意愿及其影响因素，选择“对粮食供应链的了解程度”“所在的粮食供应链是否稳定”“对粮食供应链金融的了解程度”“政策保险”“政策担保及以往借贷偿还情况”等变量作为核心自变量，借鉴以往研究，选取年龄、性别、文化程度、是否参加培训、是否有营业执照、家庭总人口、流转耕地面积、是否加入合作社、土地流转合同形式、总资产、是否有社会关系、是否有相关认证、销售难度作为控制变量来分析，因总收入与总资产有部分信息重叠，与上一节类似，本章仍选取总资产作为控制变量，在稳健性检验中将供应链的稳定性替换成是否签订订单合同，故变量说明中也增加了对该变量的解释，具体的变量说明如表5－13所示。

表5－14　供应链融资意愿变量描述性统计

变量	最小值（*M*）	最大值（*X*）	平均值（*E*）	标准偏差
sex	1	2	1.15	0.353
pop	2	7	3.99	0.879
edu	2	5	3.77	0.476

续表

变量	最小值(M)	最大值(X)	平均值(E)	标准偏差
age	1	5	3.16	0.807
cgb	0	1	0.07	0.251
train	0	1	0.73	0.446
gx	0	1	0.49	0.500
area	1	5	2.02	1.146
legal	0	1	0.69	0.464
form	1	3	2.21	0.747
orgs	0	1	0.31	0.462
coop	0	1	0.31	0.464
stor	0	1	0.29	0.452
price	1	4	1.97	0.778
contra	1	3	2.24	0.514
reve	1	5	2.02	1.183
assets	1	30	2.58	1.616
brand	0	1	0.30	0.457
sale	1	4	2.35	0.771
scf	0	1	0.84	0.370
sc	1	3	1.26	0.634
scs	1	2	1.63	0.484
ljscf	1	4	2.80	0.660
order	1	2	1.12	0.330

样本中种粮大户选择正规金融机构融资的个数为 314 个，选择非正规金融机构融资的个数为 99 个，说明正规金融机构是融资的主要渠道，与童馨乐等（2015）的结论相反，可能的原因一是种粮大户与一般的农户有所区别，二是近年来经济社会发展，农村金融也得到长足发展。样本中种粮大户中男性为 348 个，女性为 65 个，说明种粮大户中男性居多。样本中的种粮大户 7 个小学文化程度，95 个初中文化程度，305 个高中或中专文化程度，

5个大专或本科文化程度，1个研究生文化程度，表明种粮大户中高中或中专文化居多，初中文化程度的较多，调研中设置了小学以下这一选项，经统计这一选项为0，说明种粮大户至少具有小学文化水平。样本种粮大户中，小于30岁的种粮大户7个，30—39岁的种粮大户75个，40—49岁的种粮大户199个，50—59岁的种粮大户118个，60岁以上的种粮大户14个，表明种粮大户的年龄大多在40岁至60岁之间。样本种粮大户流转耕地面积情况如下：30—100亩的大户90个，100.1—300亩的大户175个，300.1—500亩的大户81个，500.1—1500亩的大户36个，1500.1亩及以上的大户31个，说明这413个样本种粮大户中，大部分是中等规模的大户。具体的描述性分析如表5-14所示。

在进行多元回归之前，应先检查变量间的共线性关系。当容忍度 *Tol* 小于0.1或方差膨胀因子 *VIF* 大于10时说明存在共线性，反之则认为共线性问题可忽略（吴明隆，2010）。对年龄、性别、文化程度、是否参加培训、是否有营业执照、家庭总人口、流转耕地面积、是否加入合作社、土地流转合同形式、总资产、是否有社会关系、是否有相关认证、销售难度、对粮食供应链的了解程度、所在的粮食供应链是否稳定、对粮食供应链金融的了解程度、是否开展订单合同、政策保险、政策担保及以往借贷偿还情况等自变量进行共线性检验后得出，容忍度均大于0.1，且方差膨胀因子均远小于10，说明自变量间的共线性问题可忽略。

5.2.3 模型设定检验

在实证分析之前，先检验模型设定是否合理，利用SPSS 22进行分析后得到表5-15，表5-16，表5-17，表5-18，表明模型设定合理，能很好地拟合数据。

表5-15　供应链融资意愿Ologit模型的拟合信息

模型	-2对数似然	卡方（*i*）	d*f*	显著性
仅有截距	1381.726			
与前面连写	1135.541	246.185	43	0.000

注：联接函数：Logit，表5-5至5-8类似。

从表5-15可看出，最终模型与模型中仅有截距项时的似然比检验结果，其显著性小于0.01，这说明最终模型要优于仅有截距项的模型。

表5-16 供应链融资意愿 Ologit 模型的拟合优度

	卡方（*i*）	*df*	显著性
Pearson	59.464	85	0.139
偏差	28.374	85	0.267

从表5-16中可看出，显著性均大于0.05，不能拒绝零假设，接受零假设，说明模型能很好地拟合数据。

表5-17 供应链融资意愿 Ologit 模型的伪 *R* 方

统计量	显著性
考克斯-斯奈尔	0.354
Nagelkerke	0.387
McFadden	0.177

从表5-17中可看出，考克斯-斯奈尔统计量、Nagelkerke统计量及McFadden统计量的显著性均大于0.05，说明不能拒绝零假设，零假设为模型能很好地拟合数据，模型拟合效果理想。

表5-18 供应链融资意愿平行线检验

模型	-2对数似然	卡方（*i*）	*df*	显著性
原假设	1135.541			
常规	1077.697[b]	57.843[c]	129	1.000

注：零假设规定位置参数（斜率系数）在各响应类别中都是相同的。

从表5-18中可看出，显著性为1.000，大于0.05，不能拒绝零假设，接受零假设，表明规定位置参数（斜率系数）在各响应类别中都是相同的，这进一步说明选用Ologit模型是合理的。

5.2.4 回归分析及结果解读

利用Stata 15进行基准回归，如表5-19所示。从表5-19可看出，准R^2为0.649，LR统计量为206.575，对应的p值为0.000，由此可得，整个方程的所有系数的联合显著性很高。

表5－19给出了种粮大户供应链融资意愿的Ologit回归结果及边际效应。从总体上看，流转耕地面积、对粮食供应链的了解程度、所在粮食供应链的稳定性、对供应链金融的了解程度、是否享受财政担保、以往借贷还款情况等6个自变量对种粮大户选择供应链融资意愿具有显著影响。

表5－19　种粮大户供应链融资意愿的Ologit模型估计结果

变量	Coef.	St. Err.	*t* 值	*p* 值	[95% Conf	Interval]
age	0.057	0.111	0.51	0.609	－0.161	0.275
sex	0.047	0.233	0.20	0.839	－0.409	0.504
edu	－0.010	0.179	－0.06	0.956	－0.361	0.342
legal	0.026	0.227	0.11	0.909	－0.419	0.471
train	0.125	0.200	0.63	0.532	－0.267	0.517
coop	－0.072	0.179	－0.40	0.690	－0.423	0.280
pop	－0.107	0.093	－1.15	0.249	－0.290	0.075
area	0.183**	0.120	1.53	0.041	－0.051	0.418
assets	0.040	0.055	0.72	0.470	－0.068	0.148
gx	－0.308*	0.167	－1.84	0.066	－0.635	0.020
cform	－0.060	0.166	－0.36	0.717	－0.385	0.265
brand	－0.169	0.226	－0.75	0.455	－0.612	0.274
sale	0.012	0.140	0.09	0.931	－0.262	0.287
sc	0.258**	0.135	1.91	0.046	－0.007	0.522
scs	0.339*	0.198	1.71	0.087	－0.050	0.727
ljscf	1.638***	0.156	10.52	0.000	1.333	1.944
zcbx	－0.211	0.379	－0.56	0.577	－0.954	0.531
czguar	1.64**	0.770	2.13	0.033	0.131	3.148
credit	0.172**	0.094	1.84	0.039	－0.012	0.356
Mean dependent var		4.140	SD dependent var			0.981
Pseudo r－squared		0.751	Number of obs			564.000
Chi－square		202.341	Prob ＞ chi2			0.000
Akaike crit.（AIC）		233.127	Bayesian crit.（BIC）			332.834

注：*** $p<0.01$，** $p<0.05$，* $p<0.1$，下表同。

从表5－19可看出，对核心自变量而言，“是否了解粮食供应链”在

10%的水平上正向显著影响种粮大户选择供应链融资的意向。“所在粮食供应链是否稳定”在10%的水平上正向显著影响种粮大户选择供应链融资的意向。“是否了解粮食供应链融资”在1%的水平上正向显著影响种粮大户选择供应链融资的意向，“是否享受财政担保服务”在5%的水平上正向显著影响种粮大户选择供应链融资的意向，“以往借贷还款情况”在5%的水平上正向显著影响种粮大户选择供应链融资的意向，但是否享有政策保险服务对种粮大户选择供应链融资意向的影响不显著，影响方向为负向的，可能的解释是目前种粮大户中，流转耕地在30—100亩的小规模大户占绝对主导，比如2020年湖南省流转耕地30—100亩规模的大户139764个，占全省大户总数的78.8%，这绝大部分小规模的种粮大户中，享有政策保险服务的比例相对较小，成功融资的概率相对较低，所以选择供应链融资的意愿较其他大规模的种粮大户更强烈。

对其他控制变量而言，“耕地流转面积”在5%的水平上正向显著影响种粮大户供应链融资的意愿，说明流转的耕地面积越大，种粮大户越愿意选择供应链融资。“是否有社会关系”在10%的水平上负向显著影响种粮大户供应链融资的意愿，可能的原因是有相关社会关系的种粮大户与相关人员交流多，融资选择更多，而无社会关系的种粮大户的融资选择相对较少，其选择供应链融资的意愿较有社会关系的种粮大户来说更强烈。而其他控制变量均不显著，但可判断其对种粮大户供应链融资意愿的影响方向。其中“性别”“是否有营业执照”“是否参加培训”“家庭总资产”“销售难度”等自变量对种粮大户供应链融资意愿有正向影响。“是否加入合作社”对种粮大户供应链融资意愿有负向影响，可能的原因是种粮大户加入合作社后融资选择相对较没加入合作社的种粮大户多，所以没加入合作社的种粮大户的供应链融资意愿较加入合作社的种粮大户强烈。“土地流转形式”对种粮大户供应链融资意愿有负向影响，可能的原因是没有签署土地流转合同的种粮大户融资选择较少，所以其对供应链融资的意愿更强烈。“是否有相关品牌认证”等对种粮大户供应链融资意愿有负向影响，可能的原因是有相关品牌认证的种粮大户融资选择多，而没有相关品牌认证的种粮大户融资难度相比有品牌认证的种粮大户要大，所以没有相关品牌认证的种粮大户的供应链融资意愿要更强烈。

从表5－19可看出，年龄对种粮大户供应链融资意愿的影响是正向的，这可能与实际相违背，供应链融资作为一种相对来说比较新的概念和融资手段，年龄越大的种粮大户相对越保守，可能的原因是年龄对种粮大户供应链融资意愿的影响也许不是线性的。同样，教育程度对种粮大户供应链融资意愿的影响是负向的，这可能与实际相违背，实践中教育程度越高，越能接受新事物和学习新技能，与年龄对种粮大户供应链融资意愿的影响的分析一样，原因或许是教育程度对种粮大户供应链融资意愿的影响不是线性的。借鉴陈卓等（2016）及冷晨昕等（2019）的处理方法，在稳健性检验之后将做进一步的讨论。

5.2.5 稳健性检验及进一步分析

1. 稳健性检验

为检验模型的稳健性，本章将使用替换核心自变量与更换模型两种方法进行验证。供应链越稳定，上下游的联系就越紧密，将“供应链是否稳定”换成“是否签署订单”进行回归得到表5－20，与基准模型结果表5－19相比，模型总体显著性未改变，自变量的影响方向并未发生改变，仅2个自变量的显著性水平发生了小幅变化，自变量流转耕地面积的显著性由5%变成了在10%，是否了解供应链的显著性由5%变成了10%，其他自变量的显著性并未发生改变，说明模型是稳健的。

表5－20　替换核心自变量的Ologit模型估计结果

变量	Coef.	St. Err.	*t* 值	*p* 值	[95% Conf	Interval]
age	0.055	0.111	0.50	0.618	－0.162	0.273
sex	0.053	0.233	0.23	0.820	－0.404	0.511
edu	－0.026	0.179	－0.14	0.886	－0.376	0.325
legal	0.017	0.227	0.08	0.939	－0.428	0.462
train	0.117	0.200	0.59	0.557	－0.274	0.509
coop	－0.073	0.179	－0.41	0.683	－0.425	0.278

续表

变量	Coef.	St. Err.	*t* 值	*p* 值	[95% Conf	Interval]
pop	-0.107	0.093	-1.15	0.250	-0.289	0.075
area	0.194*	0.120	1.62	0.054	-0.040	0.428
assets	0.044	0.056	0.79	0.431	-0.065	0.153
gx	-0.295*	0.167	-1.77	0.077	-0.622	0.032
cform	-0.084	0.165	-0.51	0.609	-0.408	0.239
brand	-0.195	0.226	-0.86	0.389	-0.637	0.248
sale	0.001	0.140	-0.01	0.996	-0.276	0.274
sc	0.257*	0.135	1.91	0.056	-0.007	0.520
order	0.324*	0.513	-0.63	0.087	-1.329	0.680
ljscf	1.646***	0.155	10.60	0.000	1.342	1.951
zcbx	-0.277	0.554	-0.50	0.617	-1.363	0.808
czguar	1.603**	0.775	2.07	0.039	0.084	3.122
credit	0.192**	0.093	2.07	0.039	0.010	0.374
Mean dependent var		4.140	SD dependent var			0.981
Pseudo r-squared		0.683	Number of obs			564.000
Chi-square		199.799	Prob > chi2			0.000
Akaike crit. (AIC)		235.669	Bayesian crit. (BIC)			335.375

采用 Oprobit 模型分析得到表5-21，与基准模型结果表5-19相比，模型总体显著性未改变，自变量的影响方向并未发生改变，仅1个自变量的显著性水平发生了小幅变化，自变量流转耕地面积的显著性由5%变成了10%，进一步说明模型是稳健的。

2. 进一步检验

为验证“年龄”变量对种粮大户供应链融资意愿的非线性影响，在其他变量不变的情况下，加入“年龄的平方”变量进行 Ologit 回归后，估计结果如表5-22所示。从表5-22可看出，与基准模型结果（表5-19）相比，模型总体显著性未改变，自变量的影响方向并未发生改变，仅部分显著水平有所改变。同时从表5-22可看出，“年龄”变量对种粮大户供应链融资意愿的影响确实是非线性的，呈倒“U”型，这说明随着年龄增加，种粮大户供应链融资的意愿增强，到达某一临界值后，随着年龄增加，种粮大户供应链融资的意愿减弱。

表 5－21　种粮大户供应链融资意愿的 Oprobit 模型估计结果

变量	Coef.	St. Err.	*t* 值	*p* 值	［95% Conf	Interval］
age	0. 02	0. 064	0. 31	0. 758	－0. 106	0. 146
sex	0. 053	0. 138	0. 38	0. 703	－0. 218	0. 324
edu	－0. 021	0. 106	－0. 19	0. 845	－. 0228	0. 187
legal	0. 006	0. 132	0. 05	0. 963	－0. 253	0. 266
train	0. 061	0. 117	0. 52	0. 605	－0. 169	0. 291
coop	－0. 015	0. 105	－0. 15	0. 883	－0. 221	0. 190
pop	－0. 073	0. 054	－1. 33	0. 182	－0. 179	0. 034
area	0. 111 *	0. 070	1. 60	0. 087	－0. 025	0. 248
assets	0. 021	0. 034	0. 63	0. 531	－0. 045	0. 087
gx	－0. 157 *	0. 097	－1. 61	0. 094	－0. 348	0. 034
cform	－0. 013	0. 096	－0. 14	0. 89	－0. 202	0. 175
brand	－0. 089	0. 132	－0. 67	0. 501	－0. 348	0. 170
sale	0. 002	0. 082	－0. 03	0. 980	－0. 164	0. 159
sc	0. 142 * *	0. 079	1. 81	0. 041	－0. 012	0. 297
scs	0. 174 * *	0. 114	1. 53	0. 039	－0. 049	0. 398
ljscf	0. 922 * * *	0. 085	10. 88	0. 000	0. 756	1. 088
zcbx	－0. 064	0. 224	－0. 28	0. 776	－0. 503	0. 376
czguar	0. 662 * *	0. 385	1. 72	0. 085	－0. 092	1. 417
credit	0. 097 * *	0. 055	1. 76	0. 079	－0. 011	0. 206
Mean dependent var		4. 140	SD dependent var			0. 981
Pseudo r－squared		0. 716	Number of obs			564. 000
Chi－square		204. 697	Prob ＞ chi2			0. 000
Akaike crit. （AIC）		230. 771	Bayesian crit. （BIC）			330. 478

为验证“文化程度”变量对种粮大户供应链融资意愿的非线性影响，在其他变量不变的情况下，加入“教育程度的平方”变量进行 Ologit 回归后，估计结果如表 5－23 所示。从表 5－23 可看出，与基准模型结果（表 5－19）相比，模型总体显著性未改变，自变量的影响方向并未发生改变，

仅部分显著水平有所改变。同时从表5－23可看出，“文化程度”变量对种粮大户供应链融资意愿的影响确实是非线性的，呈“U”型，这说明随着文化程度的上升，种粮大户供应链融资的意愿减弱，到达某一临界值后，随着文化程度的上升，种粮大户供应链融资的意愿增强。

表5－22　加入“age”的平方后的Ologit模型估计结果

变量	Coef.	St. Err.	*t* 值	*p* 值	[95% Conf	Interval]
age	0.352	0.597	0.59	0.556	－0.819	1.522
age * *age*	－0.047	0.093	－0.50	0.616	－0.230	0.136
sex	0.053	0.233	0.23	0.819	－0.404	0.511
edu	－0.01	0.179	－0.06	0.955	－0.362	0.342
legal	0.028	0.227	0.12	0.902	－0.417	0.473
train	0.125	0.2	0.63	0.531	－0.267	0.517
coop	－0.069	0.18	－0.38	0.701	－0.421	0.283
pop	－0.108	0.093	－1.16	0.246	－0.290	0.074
area	0.181**	0.12	1.51	0.131	－0.054	0.415
assets	0.04	0.055	0.73	0.468	－0.068	0.148
gx	－0.308*	0.167	－1.84	0.065	－0.636	0.019
cform	－0.058	0.166	－0.35	0.725	－0.383	0.267
brand	－0.17	0.226	－0.75	0.453	－0.613	0.274
sale	0.01	0.14	0.07	0.943	－0.264	0.284
sc	0.258*	0.135	1.92	0.055	－0.006	0.522
scs	0.335*	0.198	1.69	0.091	－0.053	0.724
ljscf	1.636***	0.156	10.51	0.000	1.331	1.941
zcbx	－0.215	0.379	－0.57	0.570	－0.959	0.528
czguar	1.64**	0.772	2.12	0.034	0.127	3.153
credit	0.17*	0.094	1.81	0.070	－0.014	0.354
Mean dependent var		4.140	SD dependent var			0.981
Pseudo r－squared		0.714	Number of obs			564.000
Chi－square		202.592	Prob ＞ chi2			0.000
Akaike crit.（AIC）		234.876	Bayesian crit.（BIC）			338.918

表5-23 加入"edu"的平方后的Ologit模型估计结果

变量	Coef.	St. Err.	t 值	p 值	[95% Conf	Interval]
age	0.057	0.111	0.52	0.606	-0.161	0.276
sec	0.044	0.233	0.19	0.849	-0.413	0.501
edu	-3.091	2.154	-1.44	0.151	-7.313	1.131
*edu * edu*	0.445	0.309	1.44	0.15	-0.161	1.052
legal	0.011	0.228	0.05	0.96	-0.434	0.457
train	0.097	0.201	0.48	0.63	-0.297	0.49
coop	-0.081	0.180	-0.45	0.651	-0.434	0.271
pop	-0.097	0.093	-1.04	0.297	-0.281	0.086
area	0.183**	0.12	1.53	0.126	-0.051	0.417
assets	0.041	0.055	0.75	0.455	-0.067	0.149
gx	-0.313*	0.167	-1.87	0.061	-0.641	0.015
cform	-0.062	0.166	-0.37	0.71	-0.388	0.264
brand	-0.172	0.227	-0.76	0.448	-0.616	0.272
sale	0.011	0.141	0.08	0.939	-0.265	0.286
sc	0.254*	0.135	1.88	0.06	-0.01	0.518
scs	0.339*	0.199	1.71	0.087	-0.05	0.729
ljscf	1.627***	0.156	10.43	0	1.321	1.932
zcbx	-0.19	0.379	-0.50	0.617	-0.933	0.553
czguar	1.652**	0.770	2.15	0.032	0.143	3.161
credit	0.177*	0.094	1.88	0.059	-0.007	0.361
Mean dependent var		4.140	SD dependent var			0.981
Pseudo r-squared		0.647	Number of obs			564.000
Chi-square		204.599	Prob > chi2			0.000
Akaike crit. (AIC)		232.869	Bayesian crit. (BIC)			336.910

5.3 本章小结

本章对种粮大户融资渠道选择及供应链融资意愿进行实证分析，得到影响种粮大户融资渠道选择及供应链融资意愿的影响因素，具体结论如下：

（1）种粮大户更倾向于正规金融机构融资。调研数据显示，种粮大户选择正规金融机构的比例高达81.36%，说明正规金融机构是种粮大户融资的首选，与蒋例利（2017）、罗振军（2017）的结论一致，种粮大户更倾向于正规金融机构融资，但与其分析不同，本书认为现阶段种粮大户更倾向于正规金融机构融资的原因：一是目前抵押物的种类逐渐增加，国家已出台相关政策措施鼓励将土地经营权、农机具等作为抵押物；二是近几年农业保险体系与担保体系逐渐完善，分担了种粮大户与银行的风险，使得银行等正规金融机构更乐意开展农村金融业务；三是近年来国家及各级政府在探索实行贷款贴息政策，鼓励正规金融机构等社会资本投入农业，银行“拒贷”“惜贷”的困境有所缓解，使得种粮大户融资利息成本降低，选择融资渠道时更倾向于正规金融机构；四是近年来农业新型主体发展出现新局面，越来越多的种粮大户进行相关市场主体注册，经营越来越规范，故选择融资渠道时更倾向于正规金融机构。如何降低正规金融机构融资的成本，有效提高种粮大户正规金融机构融资的成功率成为政府与金融机构亟待解决的问题。

（2）种粮大户融资渠道的选择受交易成本的影响。与罗振军（2017）研究结论一致，具体来说月利率及信息费对融资渠道选择有负向影响，但并不显著；谈判成本中，抵押物正向影响融资渠道的选择，但不显著，来回总时间负向影响融资渠道的选择但不显著，担保服务正向显著影响融资渠道的选择，抵押物正向影响融资渠道的选择，来回趟次负向显著影响融资渠道的选择，抵押物正向影响融资渠道的选择；执行成本中等待天数、交通费、请客送礼费、手续费等所有因素均负向显著影响融资渠道的选择。但在交易成本的归类中本书将“是否需要抵押物”与“是否需要担保服务”归为谈判成本，因为正规金融机构在放贷时将抵押物与担保服务作为风险对冲的主要考量，提供抵押物或担保服务将大大提高种粮大户融资的成功率，但这两项恰恰是众多农业企业所缺乏的，种粮大户也不例外。所以如何降低种粮大户融资过程中的交易成本，成为社会需要解决的议题。

（3）首次在控制变量中加入“是否有营业执照”，发现其正向显著影响种粮大户融资渠道的选择。以往研究中并未考虑“是否有营业执照”对种粮大户融资渠道选择的影响。当种粮大户拥有营业执照时，其社会主体身份得以确认，有利于其从正规金融机构获得融资。调研中发现融资成功的种粮大户中，选择正规金融机构融资的大部分是中大规模的大户，随着近年来国家对新型农业经营主体的关注与扶持，越来越多的粮食新型经营主体取得了营业执照，也越来越多的种粮大户选择正规金融机构融资。农业经营也需要企业家精神（樊明等，2011），这说明种粮大户主体身份将有助于激发市场主体活力，弘扬企业家精神，推动种粮大户在保障国家粮食安全中发挥更大作用。

（4）影响种粮大户供应链融资意愿的核心自变量中，“是否了解粮食供应链”“所在粮食供应链是否稳定”“是否了解粮食供应链融资”“是否享受财政担保服务”“以往借贷还款情况”在不同显著水平上正向影响种粮大户选择供应链融资的意向，但“是否享有政策保险服务”对种粮大户选择供应链融资意向的影响不显著，影响方向为负向的。因此，应大力推广订单农业，提高粮食供应链的稳定性；对种粮大户加强关于供应链及供应链融资、财政、金融、保险政策的宣传。

（5）对其他控制变量而言，“耕地流转面积”正向显著影响种粮大户供应链融资的意愿，“是否有社会关系”负向显著影响种粮大户供应链融资的意愿。其他控制变量对种粮大户供应链融资意愿的影响不显著，其中“性别”“是否有营业执照”“是否参加培训”“家庭总资产”“销售难度”等自变量对种粮大户供应链融资意愿有正向影响，“是否加入合作社”“土地流转形式”“是否有相关品牌认证”对种粮大户供应链融资意愿有负向影响。

第6章　供应链融资的实现路径及仿真研究

第5章分析了种粮大户融资渠道选择与供应链融资意愿及其影响因素，调研数据显示样本中近80%的种粮大户有选择供应链融资模式来融资的意愿，结论表明大部分种粮大户愿意选择供应链融资模式来缓解融资难题。供应链融资模式在制造业中应用较为成熟，是基于供应链视角的中小企业融资的一种方式，已有许多成功的案例，比如海尔、美的、格力等企业联合银行为其上下游企业提供供应链金融服务。本章将探索直接借鉴制造业中应用较为成熟的模式，探讨适合种粮大户的供应链融资模式，考虑供应链外部融资与供应链内部融资两种路径，同时，将分析供应链融资过程中政府未给予支持与给予支持两种方式。由于粮食具有公共品属性（肖国安，2005），在粮食收购过程中，当粮食售价过低时，国家将启动最低收购价政策，即政府给予支持。

6.1 供应链融资模型描述

在本章中，种粮大户供应链融资放在由1个种粮大户与1个粮食加工企业组成的二级订单粮食供应链中进行考虑，如图6-1所示。订单农业可增强供应链的稳定性，是小农户融入大生产中的重要实现方式，或将为粮食产业发展提供有力支持（中国人民银行西安分行课题组，2014）。粮食产业适度规模发展催生了一大批家庭农场、农民合作社等经营主体，而粮食产业适度规模发展离不开资金支持，但由于粮食生产者抗风险能力弱、缺乏抵押物，银行惜贷、拒贷情形时常出现，“融资难”“融资贵”“融资慢”问题凸显。对种粮大户来说，粮食生产前期要投入化肥、农药等生产资料，在粮食收购前要租赁机械化设备或者购买农业社会化服务，但粮食生产周期较长，受自然条件影响大，产出不确定性大，且对资金需求急。如每年夏季南方暴雨席卷长江沿岸省份，造成长江沿岸水稻主产区的早稻倒伏，影响早稻的产量和品质。因此，本章将考虑面临资金约束和产出不确定的订单粮食供应链中供应链成员如何做出最优决策。

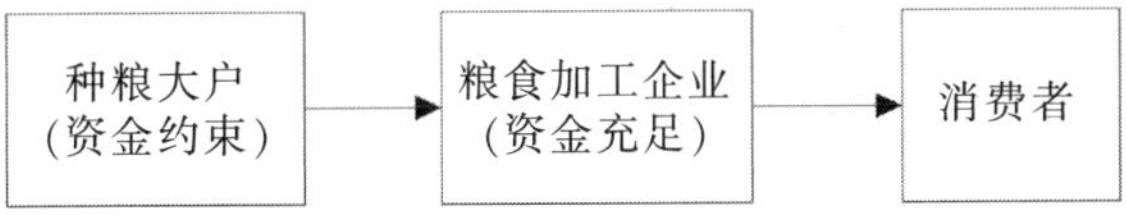

图6－1　二级订单粮食供应链结构

如图6－1所示，考虑湖南省某产粮大县的由1个受资金约束的种粮大户和1个资金充足的粮食加工企业组成的二级订单粮食供应链，粮食加工企业是该供应链的主导者，种粮大户是跟随者，双方进行Stackelberg博弈来确定各自的最优决策。根据订单约定，种粮大户种植单一品种的某种粮食，粮食收获后统一由粮食加工企业收购，进行加工与深加工后销售给消费者。本章将考虑供应链外部融资及供应链内部融资两种实现路径。

6.1.1 无政府支持情形下种粮大户供应链融资模型描述

（1）无政府支持情形下种粮大户供应链外部融资模型描述

为简便起见，参照黄建辉等（2019）、Jing等（2014）的研究，设定种粮大户初始资金为0。为开展生产，需要进行供应链外部融资。供应链外部融资的本质是供应链上下游公司以供应链核心企业的信用向银行提出贷款申请。首先，资金约束的中小企业向银行提出贷款申请，然后，银行根据核心企业提供的白名单审核其是否在名单内，若在，银行将贷款发放至核心企业，由核心企业发放给中小企业。本书中，该供应链核心企业为粮食加工企业，主导整条供应链，种粮大户是跟随者。首先，种粮大户提供订单合同，向银行提出贷款申请；然后，银行根据粮食加工企业提供的白名单审批，将贷款发放至粮食加工企业，再由粮食加工企业发放给种粮大户；最后，种粮大户获得资金开展生产。

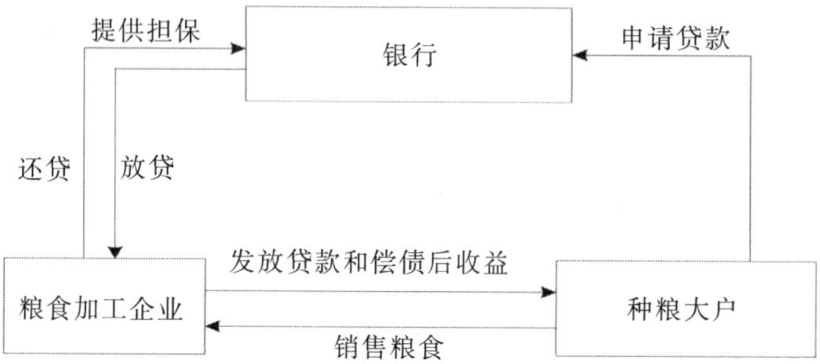

图6-2　无政府支持的种粮大户供应链外部融资流程图

如图6-2所示，资金约束的种粮大户持与粮食加工企业签订的订单合同向银行提出贷款申请，银行审核后将贷款发放至核心企业，再由核心企业发放至种粮大户。由于事先粮食加工企业和种粮大户签订了订单合同，粮食晾晒后统一由粮食加工企业收购，所以，粮食收购后粮食加工企业先将粮款扣除贷款本息，剩余的将发放至种粮大户，如资不抵债将由粮食加工企业承担还贷义务。

（2）无政府支持情形下种粮大户供应链内部融资模型描述

中小企业“融资难”“融资贵”问题近年来引起了政府和学者们的广泛关注，供应链融资或将为其提供解决方案，供应链内部融资也是解决融资难题的一种方式，即供应链核心企业将给予上下游企业商业信用，比如，向上游企业提前支付部分货款，或者允许下游企业延期支付部分货款等（马中华等，2014；张新等，2017）。以往关于预付款的很多文献是研究制造业的，其处理方式是如果零售商提前支付货款，制造商将给予零售商一定的价格折扣（王文利等，2014；钱佳等，2016；赵亮等，2018；赵亮等，2020），或者类似金融机构融资收取一定的预付款利率（Kouvelis等，2012；马中华等2015）。本节参考王文利等（2014）、钱佳等（2016）；赵亮等（2018）；赵亮等（2020）的处理方式，当粮食加工企业给予种粮大户预付款，种粮大户则需在粮食售卖时给予一定的价格折扣。与外部融资情形一样，也是考虑由某产粮大县的一个受资金约束的单一种粮大户和资金充足的粮食加工企业组成的二级订单粮食供应链，粮食加工企业是该供应链的主导者，种粮大户是跟随者，双方进行 Stackelberg 博弈来确定各自的最优决策。

为简便起见，参照黄建辉等（2019）、Jing 等（2014）的研究，设定种粮大户初始资金为0。为开展生产，需要进行供应链内部融资。无政府支持情形下订单粮食供应链内部融资与制造业中供应链内部融资的情况一致，种粮大户在接受粮食加工企业的预付款 R_2 开展备耕生产，粮食收获后种粮大户在粮食收购价格的基础上给予 $\frac{1}{1+k}$ 的价格折扣，其中 k 为价格折扣因子，价格折扣越大，则 k 越大；价格折扣越小，则 k 越小。当季末粮食收获后，粮食加工企业的付款额为 $\{0, wQ_2 - R_2(1+k)\}$。通过分析，可直观看出，供应链内部融资的预付款模式与银行短期借款形式一样，但是由于银行借款对中小微企业来说门槛较高，企业之间通过预付款、延期支付的方式实现融资。这其实就相当于种粮大户向粮食加工企业贷款，利率为 k，借款额为 R_2，当季末粮食收获后，粮食加工企业支付粮款，种粮大户偿还本金与利息 $R_2(1+k)$，当种粮大户的粮款不足以偿还本金与利息，则粮食加工企业获得种粮大户的全部收入 wQ_2。

6.1.2 政府支持情形下种粮大户供应链融资模型描述

（1）政府支持情形下种粮大户供应链外部融资模型描述

为简便起见，参照黄建辉等（2019）、Jing 等（2014）的研究，设定种粮大户初始资金为0。为开展生产，需要进行供应链外部融资。首先，种粮大户提供订单合同，向银行提出贷款申请；然后，银行根据粮食加工企业提供的白名单审批，将贷款发放至粮食加工企业，再由粮食加工企业发放给种粮大户；最后，种粮大户获得资金开展生产。但由于粮食的生产受自然条件影响较大，产出随机性大，同时，粮食具有公共产品的属性，粮食生产如果和传统制造业一样，根据供求关系调整生产将不利于保障整个国家的粮食安全。且由于农业是一个国家的基础性产业，从业人员多，为维持农业经济正常运转，国际上各个国家的政府都通过国内支持政策支持农业生产。

目前，我国已有部分地方开始探索“政银保”合作贷款模式，2009 年 7 月，广东省佛山市三水区人民政府、三水区农村信用合作联社和中国人民财产保险股份有限公司佛山市三水支公司签订了三方协议，在全国率先探索“政银保”合作的农业贷款新模式（古宁等，2009）。到2016年，三水区“政银保”合作贷款模式已然成为解决农民贷款难的“金钥匙”（魏英，2016）。全区“政银保”贷款累计金额超9亿元，受益农户达5000余户，而区级财政仅累计投入850万元保费补贴，却撬动9亿多元社会资本投入农业生产，财政资金的杠杆效应得到有效发挥（魏英，2016）。因此探究资金约束下订单粮食供应链“政银保”共同参与的外部融资机制具有重要的现实意义。

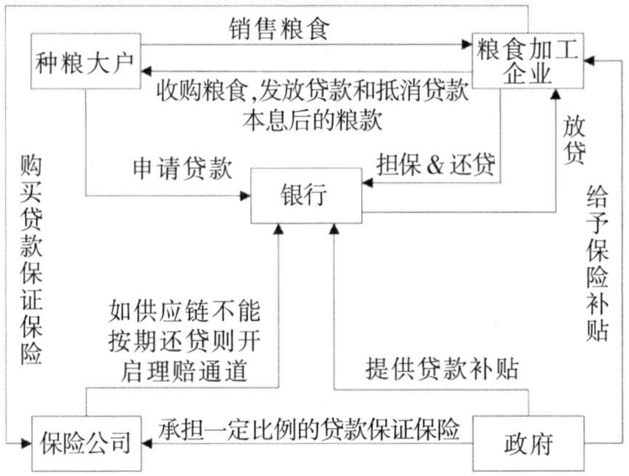

图6-3　政府支持的种粮大户供应链外部融资流程图

所有的农产品都具有前期投入大，生产周期长，受气候条件影响大等特征，而粮食作为农产品的重要组成部分，因为具有公共品属性，所以在生产流通过程中，离不开政府的参与和支持。随着我国工业化进程加快，农业规模化和产业化步伐也在加快。农业规模化和产业化发展过程中需要大量资金支持，但粮食生产者缺少抵押物、信用低，“融资难、融资贵、融资慢”问题突出。本节将介绍以供应链核心企业粮食加工企业为担保，粮食生产者向银行融资的问题。种粮大户持与粮食加工企业签订的订单合同向银行提出贷款申请，银行审核后向粮食加工企业发放贷款，粮食加工企业再将贷款发放至种粮大户为其备耕生产做准备。由于粮食生产过程中不可避免会受气候等自然灾害的影响，粮食加工企业为降低偿债风险，在种粮大户发出贷款申请后向保险公司购买一份贷款保证保险。为鼓励社会资本投入粮食生产，政府将按照一定比例与粮食加工企业共同承担保险费用，经济学解释即为通过财政资金补贴，鼓励社会资本投入粮食产业。同时，政府将给予银行一定的贷款利率补贴。当期末种粮大户的收入不足以偿还贷款本息，银行将向保险公司提出理赔要求，保险公司按照一定的理赔比率进行赔偿。资金约束的订单粮食供应链“政银保”共同参与的外部融资流程图如图 6－3 所示，种粮大户的收入不足以偿还贷款本息的风险由保险公司和银行承担。“政银保”共同参与的粮食订单供应链外部融资将有效降低种粮大户因为偿债违约风险导致的破产风险和供应链中断的风险。

在这个政府、银行、保险公司、粮食加工企业和种粮大户参与的博弈中，假定政府、保险及银行的参数外生给定，即首先由政府确定贷款补贴率 s 和保险补贴率 j ，然后银行根据政府给定的贷款补贴率确定贷款利率 r_2 ，粮食加工企业根据贷款补贴率、保险补贴率和贷款利率确定粮食收购价 w_2 ，种粮大户根据政府、银行和粮食加工企业的决策确定粮食生产投入量 q_2 ，由此确定贷款额 $c\,q_2^2$ 并向银行提出贷款申请；银行审核后向粮食加工企业发放贷款，粮食加工企业将贷款发放至种粮大户；政府支付贷款补贴给银行并支付保险补贴给保险公司；种粮大户组织生产，粮食加工企业在生产期末收购所有粮食，如偿还贷款本息后还剩余粮款，粮食加工企业则将余款发放至种粮大户，否则将启动保险理赔。

（2）政府支持情形下种粮大户供应链内部融资模型描述

为简便起见，参照黄建辉等（2019）、Jing 等（2014）的研究，设定种粮大户初始资金为 0。为开展生产，需要进行供应链内部融资。本章供应链内部融资即通过粮食加工企业预付款来实现。当粮食加工企业与种粮大户签订订单合同后，预付部分货款给种粮大户供其备耕生产，同时，承诺生产期末收购种粮大户的粮食。首先，由于粮食的生产受自然条件影响较大，产出随机性大；其次，粮食具有公共产品的属性，粮食生产如果和传统制造业一样，根据供求关系调整生产将不利于保障整个国家的粮食安全，所以粮食生产过程中需要政府参与。因此，与制造业供应链金融不同，制造业供应链成员开展预付款后，上下游企业将给予其一定的价格折扣或向上下游企业要求一定的预付款利息，粮食加工企业既不能要求种粮大户给予其价格折扣，又不能向种粮大户要求预付款利率，所以粮食供应链金融需要政府参与。由于粮食产出随机性大，为保障该二级供应链稳定运行，在供应链内部融资决策中，政府将给予其一定比例的补贴，同时为粮食加工企业购买预付款保证保险。政府支持下种粮大户供应链内部融资流程如图 6 – 4 所示，粮食加工企业作为该供应链的核心企业，与种粮大户签署订单合同后向资金约束的种粮大户预付部分粮款供其开展生产，粮食收获后粮食加工企业承诺按订单数量全数收购并支付尾款；为激励粮食加工企业帮种粮大户解决融资问题，提高粮食加工企业提供预付款的积极性，政府给予一定比例的预付款补贴，同时，为减少产出随机风险，政府将为粮食加工企业购买预付款保证保险；当出现产出随机风险事件，粮食加工企业将向保险公司申请理赔。

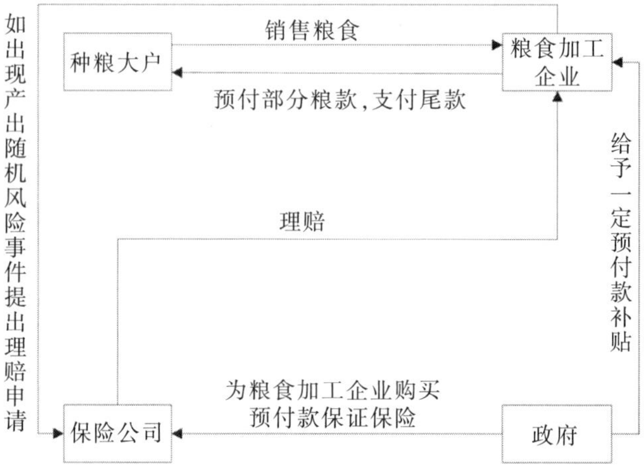

图 6 – 4　政府支持的种粮大户供应链内部融资流程图

6.2 基本假设及参数设置

文中的基本假设如下：

（1）假定供应链双方都将遵守合同，不存在违约现象，即不考虑道德风险。

（2）假定所有参与者都是风险中性，且信息对称。

（3）根据 Kouvelis 等（2012）、Kouvelis 等（2017）与 Lin 等（2019）可知，产品的残值、缺货成本和持有成本等不会改变问题性质，故本书也假设粮食加工企业的成本仅考虑粮食收购成本。

（4）假定粮食收购价格是外生的，由于种粮大户与粮食加工企业签订了订单合同，参考 Dong & Rudi（2004）、Ö Özer，W Wei（2006）、何正文等（2011）与王文利 & 骆建文（2014）的研究，可给出这一假设。

（5）为简便起见，参照黄建辉等（2019）、Jing 等（2014）的研究，设定种粮大户初始资金为0。

（6）参照 Niu 等（2016），叶飞等（2017）与史立刚等（2020），设成本函数 $C(x) = c_1 q + c q^2$，其中 c_1 表示单位粮食生产的投入成本，如化肥、种子、农药等，c 表示种粮大户的生产努力成本系数，为简便起见，假设 $c_1 = 0$。

（7）考虑政府支持情形下供应链外部融资时假设政府对银行与保险公司的补贴率是外生给定的，所以在该决策中政府不需要对补贴率进行决策。

（8）考虑政府支持情形下供应链外部融资与供应链内部融资时假设保险公司的资费价格是外生给定的，所以在该决策中保险公司不需要对资费价格进行决策。

种粮大户的计划投入量为 q，受种植面积和单产影响；X 为产出随机因子，$X \in [\mathrm{d}_1, \mathrm{d}_2]$，设 d_{th} 为种粮大户能够偿还贷款本息的临界点，密度函数为 $g(x)$，分布函数为 $G(x)$，$E(x) = \mu$，$D(x) = \sigma^2$，其中 σ^2 用来衡量产出随机风险。种粮大户收获的粮食全部被粮食加工企业收购，Q 表示粮食实际产出，$Q = qX$。与制造业规模经济相反，农业生产是规模不经济的（Niu 等，2016；叶飞等，2017；史立刚等，2020），设成本函数 $C(x) = c_1 q + c q^2$，其中 c_1 表示单位粮食生产的投入成本，如化肥、种子、农药等，c 表示种粮大户的生产努力成本系数。粮食是具有公共品性质的农产品，当市场粮价低于国家确定的最低收购价时，国家委托符合一定资质条件的粮食企业，按国家确定的最低收购价收购农民的粮食。p 为粮食的市场销售价格，需求函数为 $p = m - \beta Q$，其中 m 表示粮食的市场规模，β 表示粮食的价格弹性系数。粮食是具有公共品性质的农产品，当市场粮价低于国家确定的最低收购价时，国家将委托符合一定资质条件的粮食企业，按国家确定的最低收购价收购农民的粮食（姚晶等，2020）。

文中其他参数设置如表 6－1 所示。

表 6－1　订单粮食供应链内外部融资参数设置及其含义

参数	含义
w	粮食的最低收购价
q_i	q_0 表示种粮大户资金充足情形下的投入量，q_1、q_2 分别表示无政府支持的种粮大户供应链外部融资和供应链内部融资时种粮大户的投入量，q_3、q_4 分别表示有政府支持的种粮大户供应链外部融资及供应链内部融资时种粮大户的投入量，q_{wef} 是指有政府支持的种粮大户供应链内部融资时，使社会福利最大化的种粮大户最优投入量
Q_i	Q_0 表示种粮大户资金充足情形下的实际产出，Q_1、Q_2 分别表示无政府支持的种粮大户供应链外部融资和种粮大户供应链内部融资时种粮大户的实际产出，Q_3、Q_4 分别表示有政府支持的供应链外部融资及供应链内部融资时种粮大户的实际产出
Q_{thi}	Q_{th1}、Q_{th2} 分别表示无政府支持的种粮大户供应链外部融资和订单粮食供应链内部融资时种粮大户的实际产出能偿还融资额本息的临界点，Q_{th3}、Q_{th4} 分别表示政府支持的种粮大户供应链外部融资和供应链内部融资时种粮大户的实际产出能偿还融资额本息的临界点
d_{thi}	d_{th1}、d_{th2} 分别表示无政府支持的种粮大户供应链外部融资和种粮大户供应链内部融资时种粮大户偿债的产出随机波动的临界点，d_{th3}、d_{th4} 分别表示无政府支持的种粮大户供应链外部融资和种粮大户供应链内部融资时种粮大户偿债的产出随机波动的临界点
r_f	资本市场的平均回报率
R_i	R_1、R_2 分别表示无政府支持的种粮大户供应链外部融资和订单粮食供应链内部融资时种粮大户的融资额
r_i	r_1、r_2 分别表示无政府支持与有政府支持情形下的种粮大户供应链外部融资时银行的贷款利率
k	表示无政府支持情形下种粮大户供应链内部融资时种粮大户提供的价格折扣因子
w_i	w_0 表示种粮大户资金充足情形下粮食加工企业给出的粮食收购价格，w_1、w_2 分别表示无政府支持的种粮大户供应链外部融资和种粮大户供应链内部融资时粮食加工企业给出的粮食收购价格
p_i	p_0 表示种粮大户资金充足情形下粮食的市场销售价格，p_1、p_2 分别表示无政府支持的种粮大户供应链外部融资和种粮大户供应链内部融资时粮食的市场销售价格，p_3、p_4 表示分别表示有政府支持情形下种粮大户供应链外部融资及供应链内部融资时粮食的市场销售价格

续表

参数	含义
s	有政府支持情形下供应链外部融资时政府为激励银行放贷给予银行的放贷补贴率 ($0 < s < 1$)
s_1	有政府支持情形下供应链内部融资时政府为激励粮食加工企业解决种粮大户的融资问题给予的补贴率 ($0 < s_1 < 1$)
s_1''	有政府支持情形下供应链内部融资时使得社会福利最大化的政府最优补贴率
b_i	b_1、b_2 分别表示有政府支持情形下供应链外部融资与供应链内部融资时保险公司给出的保险费率 ($0 < b < 1$)
j	有政府支持情形下供应链外部融资时政府将给出保险补贴率 ($0 < j < 1$)
l	有政府支持情形下供应链内部融资时保险公司的理赔比率
CS	有政府支持情形下供应链内部融资时的消费者剩余
G	有政府支持情形下供应链内部融资时的政府支出
π_b	有政府支持情形下供应链内部融资时保险公司的利润
π_{Wef}	有政府支持情形下供应链内部融资时的社会福利
π_{fi}	π_{f0} 表示种粮大户资金充足情形下种粮大户的利润，π_{f1}、π_{f2} 分别表示无政府支持的订单粮食供应链外部融资和订单粮食供应链内部融资时种粮大户的利润
π_{mi}	π_{m0} 表示种粮大户资金充足情形下粮食加工企业的利润，π_{m1}、π_{m2} 分别表示无政府支持情形下种粮大户供应链外部融资和供应链内部融资时粮食加工企业的利润，π_{m3}、π_{m4} 分别表示有政府支持情形下种粮大户供应链外部融资和供应链内部融资时粮食加工企业的利润
$E\pi_{fi}$	$E\pi_{f0}$ 表示种粮大户资金充足情形下种粮大户的期望利润，$E\pi_{f1}$、$E\pi_{f2}$ 分别表示无政府支持情形下种粮大户供应链外部融资和供应链内部融资时种粮大户的期望利润，$E\pi_{f3}$、$E\pi_{f4}$ 分别表示有政府支持情形下种粮大户供应链外部融资和供应链内部融资时种粮大户的期望利润
$E\pi_{mi}$	$E\pi_{m0}$ 表示种粮大户资金充足情形下粮食加工企业的期望利润，π_{m1}、π_{m2} 分别表示无政府支持情形下种粮大户供应链外部融资和供应链内部融资时粮食加工企业的期望利润，π_{m3}、π_{m4} 分别表示有政府支持情形下种粮大户供应链外部融资和供应链内部融资时粮食加工企业的期望利润
$E\pi_b$	有政府支持的种粮大户供应链内部融资时保险公司的期望利润
$E\pi_{Wef}$	有政府支持的种粮大户供应链内部融资时的期望社会福利

6.3 供应链融资中供应链成员的最优决策

6.3.1 基准模型：种粮大户资金充足

由于粮食加工企业是主导者，种粮大户是跟随者，通过逆向归纳法，首先求解种粮大户的最优决策。由于种粮大户是风险中性的，其最优决策是使得利润最大化。

当种粮大户资金充足时，其最优决策为：

$$\max \pi_{f0} = w_0 q_0 X - c q_0^2 \tag{6.1}$$

粮食加工企业的最优决策如下

$$\max \pi_{m0} = p_0 q_0 X - w_0 q_0 X = (m - \beta q_0 X) q_0 X - w_0 q_0 X \tag{6.2}$$

$$s.t. \begin{cases} q_0 = q_0^* \\ w_0 \geqslant w \end{cases}$$

命题6－1：在无资金约束的订单粮食供应链中，种粮大户的最优计划投入量为 $q_0^* = \frac{m\mu}{4c - 2p(\sigma^2 + \mu^2)}$，粮食加工企业的最优采购价格为 $w_0^* = \frac{mc}{2c - p(\sigma^2 + \mu^2)}$。

种粮大户的期望利润函数如式（6.3）所示：

$$E(\pi_{f0}) = w_0 q_0 \mu - c q_0^2 \tag{6.3}$$

对期望利润函数求 q_0 的一阶导数并令其等于0可得：$q_0^* = \frac{w_0 \mu}{2c}$

$$E(\pi_{m0}) = m q_0 \mu - w_0 q_0 \mu + \beta q_0^2 (\sigma^2 + \mu^2) \tag{6.4}$$

将 $q_0^* = \frac{w_0 \mu}{2c}$ 代入式（6.4）可得 $E(\pi_{m0}) = \frac{m w_0 \mu^2}{2c} - \frac{w_0^2 \mu^2}{2c} + \frac{\beta \mu^2 (\sigma^2 + \mu^2) w_0^2}{4c^2}$。

对期望利润函数求 w_0 的一阶导数并令其等于0，可得 $w_0^* = \frac{mc}{2c - \beta(\sigma^2 + \mu^2)}$。

此时，$q_0^* = \dfrac{m\mu}{4c - 2\beta(\sigma^2 + \mu^2)}$。

命题6-1给出了无资金约束时，种粮大户与粮食加工企业的最优决策。由于粮食的公共品属性，粮食生产不能像工业品一样随价格变化调整产量，当粮食收购价 w_0 低于最低收购价 w 时，按照最低收购价执行。

此时，种粮大户的最优期望利润 $E(\pi_{f0}^*) = \dfrac{m^2\mu^2 c}{4[2c - \beta(\sigma^2 + \mu^2)]^2}$

粮食加工企业的最优期望利润 $E(\pi_{m0}^*) = \dfrac{m^2\mu^2}{4[2c - \beta(\sigma^2 + \mu^2)]}$

推论6-1：当资金充足且不考虑最低收购价政策时，产出随机风险将使得种粮大户增加种植规模，粮食加工企业提高收购价格，进而使得种粮大户和粮食加工企业的利润增加。

由于 $\dfrac{d\,q_0^*}{d\,\sigma^2} = \dfrac{2\beta m\mu}{[4c - 2\beta(\sigma^2 + \mu^2)]^2} > 0$，所以随着产出随机风险增大，种粮大户将增加种植规模。

由于 $\dfrac{d\,w_0^*}{d\,\sigma^2} = \dfrac{\beta mc}{[2c - \beta(\sigma^2 + \mu^2)]^2} > 0$，所以产出随机风险增大，粮食加工企业将提高收购价格。

由于 $\dfrac{d\,E\pi_{f0}^*}{d\,\sigma^2} = \dfrac{-m^2\mu^2 c(8\beta^2\sigma^2 + 8\beta^2\mu^2 - 4c\beta)}{16[2c - \beta(\sigma^2 + \mu^2)]^4} < 0$，所以种粮大户的期望利润将随着产出随机风险增大而减少。

由于 $\dfrac{d\,E\pi_{m0}^*}{d\,\sigma^2} = \dfrac{4\beta m^2\mu^2}{16[2c - \beta(\sigma^2 + \mu^2)]^2} > 0$，所以粮食加工企业的期望利润也将随着产出随机风险增大而增加。

推论6-1说明，当供应链成员资金充足时，产出随机风险将使得种粮大户增加种植规模，随着种植规模增加，投入成本不断增加，一旦风险随机事件出现，将使得种粮大户收成严重受损，所以，随着产出风险增大，种粮大户的期望利润将减少。高风险只有带来高收益时，理性经济人才会参与这样的决策，粮食加工企业提高收购价格，就算出现风险随机时间，粮食加工企业也不会像种粮大户那样导致利润骤降，相反，其利润会随着风险增大而增大。

6.3.2 无政府支持情形下种粮大户供应链融资决策

（1）无政府支持情形下种粮大户供应链外部融资决策

1）融资贷款利率

作为风险中性的理性经济人，银行在收到种粮大户的融资申请时会评估其不能偿还贷款本息的风险，融资额 $R_1 = cq_1^2$ ，当产出量低于某个临界点 Q_{th1} 时，种粮大户将有不能按期偿还的风险，设银行给出的实际利率为 r_1 ，资本市场的平均回报率为 r_f ，Q_{th} 满足 $Q_{th1} = \frac{(1+r_1)R_1}{w_1}$ ，由于 $Q = qX$ ，定义 d_{th} 为种粮大户偿债的产出随机波动的临界点，低于该值将不能按期偿债，则 $d_{th1} = \frac{(1+r_1)R_1}{q_1 w_1}$ ，种粮大户不能偿债的概率 $P(X < d_{th}) = \int_{d_1}^{d_{th1}} g(x)\mathrm{d}x$ 。当 $X \geqslant d_{th1}$ 时，银行的该融资业务将有盈利，满足如下等式：

$$\int_{d_1}^{d_{th1}} w_1 Q_1 g(x)\mathrm{d}x + \int_{d_{th1}}^{d_2} w_1 Q_{th} g(x)\mathrm{d}x = \int_{d_1}^{d_{th1}} w_1 q_1 x g(x)\mathrm{d}x + \int_{d_{th1}}^{d_2} (1+r_1) R_1 g(x)\mathrm{d}x = R_1(1+r_f) \tag{6.5}$$

命题6-2：在无政府支持的种粮大户供应链外部融资情形下，当资本市场存在竞争的时候，融资利率 r_1 将随着资本市场的平均回报率 r_f 的增加而增加。

令
$$G[R_1, r(R_1)] = \int_{d_1}^{d_{th}} w_1 q_1 x g(x)\mathrm{d}x + \int_{d_{th}}^{d_2} (1+r_1) R_1 g(x)\mathrm{d}x - R_1(1+r_f) \tag{6.6}$$

$$\frac{\partial\ G[R_1, r(R_1)]}{\partial\ r_1} = R_1 \bar{G}\left(\frac{(1+r_1)R_1}{q_1 w_1}\right) > 0 \tag{6.7}$$

$$\frac{\partial\ G[R_1, r(R_1)]}{\partial\ r_f} = -R_1 < 0 \tag{6.8}$$

$$\frac{\mathrm{d}r_1}{\mathrm{d}r_f} = -\frac{\partial\ G[R_1, r(R_1)]}{\partial\ r_f} \Big/ \frac{\partial\ G[R_1, r(R_1)]}{\partial\ r_1} > 0 \tag{6.9}$$

命题6-2表明，在无政府支持的种粮大户供应链外部融资情形下，当资本市场存在竞争的时候，融资利率 r_1 将随着资本市场的平均回报率为 r_f 的上升而上升，当融资利率 r_1 不断随着资本市场的平均回报率为 r_f 的上升而上升时，“融资难”和“融资贵”问题凸显出来，因此，仅银行参与的订单粮食供应链外部融资将解决不了该供应链上的资金流问题。

2）种粮大户的种粮决策

由于粮食加工企业是主导者，种粮大户是跟随者，通过逆向归纳法，首先求解种粮大户的最优决策。由于种粮大户是风险中性的，其最优决策是使得利润最大化。

在无政府支持的种粮大户供应链外部融资情形下，资金约束的种粮大户的利润函数满足：

$$\pi_{f1} = w_1 q_1 X - (1 + r_1) c q_1^2 \tag{6.10}$$

命题6－3：在无政府支持的种粮大户供应链外部融资情形下，种粮大户的最优投入 $q_1^* = \dfrac{w_1\mu}{2c(1 + r_1)}$。

在无政府支持的种粮大户供应链外部融资情形下，种粮大户的期望利润函数如式（6.11）所示。

$$E\pi_{f1} = w_1 q_1\mu - (1 + r_1) c q_1^2 \tag{6.11}$$

$$\frac{\mathrm{d}E\pi_{f1}}{\mathrm{d}q_1} = w_1\mu - 2c(1 + r_1) q_1 \tag{6.12}$$

令式（6.12）等于0即可得到 q_1^* 的表达式。

3）粮食加工企业的收购决策

由于粮食加工企业是风险中性的，同样，可得到在无政府支持的种粮大户供应链外部融资情形下，粮食加工企业的利润函数如式（6.13）所示。

$$\pi_{m1} = p_1 q_1 X - w_1 q_1 X = (m - \beta q_1 X) q_1 X - w_1 q_1 X = m q_1 X - w_1 q_1 X - \beta q_1^2 X^2$$

$$s.t. \begin{cases} q_1 = q_1^* \\ w_1 \geqslant w \end{cases} \tag{6.13}$$

命题6－4：在无政府支持的种粮大户供应链外部融资情形下，粮食加工企业的最优收购价 $w_1^* = \dfrac{mc(1+r_1)}{2c(1+r_1)+\beta(\sigma^2+\mu^2)}$。

银行融资下粮食加工企业的期望利润函数如式（6.14）。

$$E\pi_{m1} = m q_1\mu - w_1 q_1\mu - \beta q_1^2(\sigma^2+\mu^2) \tag{6.14}$$

将 $q_1^* = \dfrac{w_1\mu}{2c(1+r_1)}$ 代入式（6.14）可得

$$E\pi_{m1} = m q_1\mu - w_1 q_1\mu - \beta q_1^2(\sigma^2+\mu^2) = \frac{m w_1 \mu^2}{2c(1+r_1)} - \frac{w_1^2\mu^2}{2c(1+r_1)} - \frac{w_1^2\mu^2\beta(\sigma^2+\mu^2)}{4c^2(1+r_1)^2} \tag{6.15}$$

$$\frac{\mathrm{d}E\pi_{m1}}{\mathrm{d}w_1} = \frac{m\mu^2}{2c(1+r_1)} - \frac{\mu^2 w_1}{c(1+r_1)} - \frac{\mu^2\beta(\sigma^2+\mu^2)w_1}{2c^2(1+r_1)^2} \tag{6.16}$$

令 $\dfrac{\mathrm{d}E\pi_{m1}}{\mathrm{d}w_1} = 0$，可得 $w_1^* = \dfrac{mc(1+r_1)}{2c(1+r_1)+\beta(\sigma^2+\mu^2)}$。

由于粮食的公共品属性，粮食生产不能像工业品一样随价格变化调整产量，当粮食企业收购价 w_1 低于国家确定的最低收购价 w 时，按照最低收购价执行。

综上，在无政府支持的种粮大户供应链外部融资情形下，种粮大户的最优投入量为：

$$q_1^* = \frac{m\mu}{2[2c(1+r_1)+\beta(\sigma^2+\mu^2)]} \tag{6.17}$$

种粮大户的最优期望利润为：

$$E\pi_{f1}^2 = \frac{m^2\mu^2c(1+r_1)}{4[2c(1+r_1)+\beta(\sigma^2+\mu^2)]^2} \tag{6.18}$$

粮食加工企业的最优期望利润为：

$$E\pi_{m1}^2 = \frac{m^2\mu^2}{4[2c(1+r_1)+\beta(\sigma^2+\mu^2)]} \tag{6.19}$$

推论 6－2：当资金约束且不考虑最低收购价政策时，在无政府支持的种粮大户供应链外部融资情形下，产出随机风险增加将使得种粮大户减少种植规模、粮食加工企业降低收购价格，进而使得种粮大户和粮食加工企业的利润受损。

由于 $\frac{\mathrm{d}q_1}{\mathrm{d}\sigma^2}=\frac{-2\beta m\mu}{4\left[2c(1+r_1)+\beta(\sigma^2+\mu^2)\right]^2}<0$，所以产出随机风险增大将使得种粮大户减少种植规模。

由于 $\frac{\mathrm{d}w_1}{\mathrm{d}\sigma^2}=\frac{-\beta mc(1+r_1)}{\left[2c(1+r_1)+\beta(\sigma^2+\mu^2)\right]^2}<0$，所以产出随机风险增大将使得粮食加工企业降低收购价格。

由于 $\frac{\mathrm{d}\,E\pi_{f1}{}^*}{\mathrm{d}\,\sigma^2}=\frac{-m^2\mu^2c(1+r_1)[8c(1+r_1)+8\beta^2(\sigma^2+\mu^2)]}{16\left[2c(1+r_1)+\beta(\sigma^2+\mu^2)\right]^4}<0$，所以种粮大户的期望利润将随着产出随机风险增大而降低。

由于 $\frac{\mathrm{d}\,E\pi_{m1}{}^*}{\mathrm{d}\,\sigma^2}=\frac{-4m^2\mu^2\beta}{16\left[2c(1+r_1)+\beta(\sigma^2+\mu^2)\right]^2}<0$，所以粮食加工企业的期望利润也将随着产出随机增大而风险降低。

在无政府支持的种粮大户供应链外部融资情形下，产出随机风险增加将使得种粮大户减少种植规模、粮食加工企业降低收购价格，进而使得种粮大户和粮食加工企业的利润受损。由于资金约束，种粮大户向银行提出贷款申请时，粮食加工企业提供担保，承担连带责任，所以将出现一荣俱荣的状态，种粮大户和粮食加工企业将作出较为保守的决策，随着风险增加，种粮大户缩减种植规模，粮食加工企业降低收购价格，最终二者期望利润都将随之降低。

（2）无政府支持情形下种粮大户供应链内部融资决策

1）价格折扣因子

作为风险中性的理性经济人，粮食加工企业为种粮大户提供预付款时会评估其不能偿还贷款本息的风险，融资额 $R_2=c\,q_2{}^2$，当产出量低于某个临界点 Q_{th2} 时，种粮大户将有不能按期偿还的风险，价格折扣因子为 k，资本市场的平均回报率为 r_f，Q_{th2} 满足 $Q_{th2}=\frac{(1+k)\,R_2}{w}$，由于 $Q=qX$，定义 d_{th2} 为种粮大户能偿还的产出随机波动的临界点，低于该值将不能按期偿还，则 $d_{th2}=\frac{(1+k)\,R_2}{q_2w}$，种粮大户不能偿还的概率 $P(X<d_{th2})=\int_{d_1}^{d_{th2}}g(x)\mathrm{d}x$。

当 $X \geqslant d_{th2}$ 时，粮食加工企业给予种粮大户预付款对其来说将有盈利，满足如式（6.20）。

$$\int_{d_1}^{d_{th2}} w_2 Q_2 g(x)\mathrm{d}x + \int_{d_{th2}}^{d_2} w_2 Q_{th2} g(x)\mathrm{d}x = \int_{d_1}^{d_{th2}} w_2 q_2 x g(x)\mathrm{d}x + \int_{d_{th2}}^{d_2} (1+k) R_2 g(x)\mathrm{d}x = R_2(1+r_f) \quad (6.20)$$

命题6－5：在无政府支持的种粮大户供应链内部融资情形下，当资本市场存在竞争的时候，价格折扣因子 k 将随着资本市场的平均回报率 r_f 的增加而增加。

令

$$G[R_2,k(R_2)] = \int_{d_1}^{d_{th2}} w_2 q_2 x g(x)\mathrm{d}x + \int_{d_{th2}}^{d_2} (1+k) R_2 g(x)\mathrm{d}x - R_2(1+r_f) \quad (6.21)$$

$$\frac{\partial G[R_2,k(R_1)]}{\partial k} = R_2 \bar{G}\left(\frac{(1+k)R_2}{q_2 w_2}\right) > 0 \quad (6.22)$$

$$\frac{\partial G[R_2,k(R_2)]}{\partial r_f} = -R_2 < 0 \quad (6.23)$$

$$\frac{\mathrm{d}k}{\mathrm{d}r_f} = -\frac{\partial G[R_2,k(R_1)]}{\partial r_f} \Big/ \frac{\partial G[R_2,k(R_1)]}{\partial k} > 0 \quad (6.24)$$

在无政府支持的种粮大户供应链内部融资情形下，当资本市场存在竞争的时候，价格折扣因子 k 将随着资本市场的平均回报率为 r_f 的上升而上升，当价格折扣因子 k 不断随着资本市场的平均回报率为 r_f 的上升而上升时，种粮大户的利润率越来越低，甚至有可能产出不足以抵消预付款。

2）种粮大户的种粮决策

粮食加工企业是主导者，种粮大户是跟随者，通过逆向归纳法，首先求解种粮大户的最优决策。由于种粮大户是风险中性的，其最优决策是使得利润最大化。

在无政府支持的种粮大户供应链内部融资情形下，资金约束的种粮大户的利润函数满足：

$$\pi_{f2} = w_2 q_2 X - (1+k) c q_2^{\,2} \quad (6.25)$$

命题6－6：在无政府支持的种粮大户供应链内部融资情形下，资金约束的种粮大户的最优投入量 $q_2^* = \dfrac{w_2 \mu}{2c(1+k)}$。

在无政府支持的种粮大户供应链内部融资情形下，资金约束的种粮大户的期望利润函数如式（6.26）。

$$E\pi_{f2} = w_2 q_2\mu - (1+k)c\, q_2^{\,2} \tag{6.26}$$

$$\frac{\mathrm{d}E\,\pi_{f2}}{\mathrm{d}\,q_2} = w_2\mu - 2c(1+k)\,q_2 \tag{6.27}$$

令式（6.27）等于 0 即可得到 q_2^* 的表达式。

3）粮食加工企业的收购决策

由于粮食加工企业是风险中性的，在无政府支持的种粮大户供应链内部融资情形下，粮食加工企业的利润函数如式（6.28）所示。

$$\pi_{m2} = p_2q_2X - w_2q_2X = (m-\beta\,q_2X)q_2X - w_2q_2X = mq_2X - w_2q_2X - \beta\,q_2^{\,2}X^2$$

$$s.t.\begin{cases} q_2 = q_1^* \\ w_2 \geqslant w \end{cases} \tag{6.28}$$

命题 6 -7：在无政府支持的种粮大户供应链内部融资情形下，粮食加工企业的最优收购价 $w_2^* = \dfrac{mc(1+k)}{2c(1+k)+\beta(\sigma^2+\mu^2)}$。

在无政府支持的种粮大户供应链内部融资情形下，粮食加工企业的期望利润函数为：

$$E\pi_{m2} = m\,q_1\mu - w_2\,q_2\mu - \beta\,q_2^{\,2}(\sigma^2+\mu^2) \tag{6.29}$$

将 $q_2^* = \dfrac{w_2\mu}{2c(1+k)}$ 代入式（6.29）可得：

$$E\pi_{m2} = m\,q_2\mu - w_2\,q_2\mu - \beta\,q_2^2(\sigma^2+\mu^2) = \frac{m\,w_2\,\mu^2}{2c(1+k)} - \frac{w_2^{\,2}\,\mu^2}{2c(1+k)} - \frac{w_2^{\,2}\,\mu^2\beta(\sigma^2+\mu^2)}{4\,c^2\,(1+k)^2} \tag{6.30}$$

$$\frac{\mathrm{d}E\,\pi_{m2}}{\mathrm{d}w_2} = \frac{m\,\mu^2}{2c(1+k)} - \frac{\mu^2\,w_2}{c(1+k)} - \frac{\mu^2\beta(\sigma^2+\mu^2)w_2}{2\,c^2\,(1+k)^2} \tag{6.31}$$

令 $\dfrac{\mathrm{d}E\,\pi_{m2}}{\mathrm{d}w_2} = 0$，可得 $w_2^* = \dfrac{mc(1+k)}{2c(1+k)+\beta(\sigma^2+\mu^2)}$。

当 $w_2 < w$ 时，按照最低收购价执行。

因此，在无政府支持的种粮大户供应链内部融资情形下，种粮大户的最优投入量为：

$$q_2^* = \frac{m\mu}{2[2c(1+k)+\beta(\sigma^2+\mu^2)]} \tag{6.32}$$

种粮大户的最优期望利润为：

$$E\pi_{f2}{}^* = \frac{m^2\mu^2 c(1+k)}{4[2c(1+k)+\beta(\sigma^2+\mu^2)]^2} \tag{6.33}$$

粮食加工企业的最优期望利润为：

$$E\pi_{m2}{}^* = \frac{m^2\mu^2}{4[2c(1+k)+\beta(\sigma^2+\mu^2)]} \tag{6.34}$$

推论6－3：当资金约束且不考虑最低收购价政策时，在无政府支持的种粮大户供应链内部融资情形下，产出随机风险增加将使得种粮大户减少种植规模、粮食加工企业降低收购价格，进而使得种粮大户和粮食加工企业的利润受损。

由于 $\frac{\mathrm{d}q_2}{\mathrm{d}\sigma^2} = \frac{-2\beta m\mu}{4[2c(1+k)+\beta(\sigma^2+\mu^2)]^2} < 0$，所以产出随机风险增大将使得种粮大户减少种植规模。

由于 $\frac{\mathrm{d}w_2}{\mathrm{d}\sigma^2} = \frac{-\beta mc(1+k)}{[2c(1+k)+\beta(\sigma^2+\mu^2)]^2} < 0$，所以产出随机风险增大将使得粮食加工企业降低收购价格。

由于 $\frac{\mathrm{d}E\pi_{f2}{}^*}{\mathrm{d}\sigma^2} = \frac{-m^2\mu^2 c(1+k)[8c(1+r_1)+8\beta^2(\sigma^2+\mu^2)]}{16[2c(1+k)+\beta(\sigma^2+\mu^2)]^4} < 0$，所以种粮大户的期望利润将随着产出随机风险增大而降低。

由于 $\frac{\mathrm{d}E\pi_{m2}{}^*}{\mathrm{d}\sigma^2} = \frac{-4m^2\mu^2\beta}{16[2c(1+k)+\beta(\sigma^2+\mu^2)]^2} < 0$，所以粮食加工企业的期望利润也将随着产出随机增大而风险降低。

当资金约束且不考虑最低收购价政策时，在无政府支持的种粮大户供应链内部融资情形下，产出随机风险增加将使得种粮大户减少种植规模，使得粮食加工企业降低收购价格，进而使得种粮大户和粮食加工企业的利润受损。由于资金约束，种粮大户向银行提出贷款申请时，粮食加工企业提供担保，承担连带责任，所以将出现一荣俱荣的状态，种粮大户和粮食加工企业将作出较为保守的决策，随着风险增加，种粮大户缩减种植规模，粮食加工企业降低收购价格，最终二者期望利润都将随之降低。

6.3.3 政府支持情形下种粮大户供应链融资决策

（1）政府支持情形下种粮大户供应链外部融资决策

1）融资贷款利率

作为风险中性的理性经济人，银行在收到种粮大户的融资申请时会评估其能否偿还贷款本息的风险，融资额 $R_3 = c\,q_3^{\;2}$ ，当产出量低于某个临界点 Q_{th3} 时，种粮大户将有不能按期偿还的风险，设银行给出的实际利率为 r_2 ，资本市场的平均回报率为 r_f ，Q_{th3} 满足 $Q_{th3} = \dfrac{(1 + r_2)\,R_3}{w_3}$ ，由于 $Q = qX$ ，定义 d_{th3} 为种粮大户偿债的产出随机波动的临界点，低于该值将不能按期偿债，则 $d_{th3} = \dfrac{(1 + r_2)\,R_3}{q_3\,w_3}$ ，种粮大户不能偿债的概率 $P(X < d_{th3}) = \int_{d_1}^{d_{th3}} g(x)\mathrm{d}x$ 。当 $X \geqslant d_{th3}$ 时，银行的该融资业务将有盈利，满足如下等式：

$$\int_{d_1}^{d_{th3}} w_3\,Q_3 g(x)\mathrm{d}x + \int_{d_{th3}}^{d_2} w_3\,Q_{th3} g(x)\mathrm{d}x = \int_{d_1}^{d_{th3}} w_3\,q_3 x g(x)\mathrm{d}x + \int_{d_{th3}}^{d_2} (1 + r_2)\,R_3 g(x)\mathrm{d}x = R_3(1 + r_f) \tag{6.35}$$

2）种粮大户的最优决策

根据逆向归纳法，首先求解种粮大户的最优决策。由于种粮大户是风险中性的，其最优决策是使得利润最大化。

在政府支持的种粮大户供应链外部融资情形下，种粮大户的利润函数满足：

$$\pi_{f3} = w_3\,q_3 X - c\,q_3^{\;2} - (1 - s)\,r_2 c\,q_3^{\;2} \tag{6.36}$$

命题 6－8：在政府支持的种粮大户供应链外部融资情形下，种粮大户的最优投入量 $q_3^* = \dfrac{w_2\mu}{2c[1 + (1 - s)\,r_2]}$ 。

在政府支持的种粮大户供应链外部融资情形下，种粮大户的期望利润函数为：

$$E\pi_{f3} = w_3 q_3\mu - c q_3^2 - (1-s) r_2 c q_3^2 \tag{6.37}$$

$$\frac{dE\pi_{f3}}{dq_3} = w_3\mu - 2c[1+(1-s)r_2]q_3 \tag{6.38}$$

令式（6.38）等于0即可得到 q_3^* 的表达式。

3）粮食加工企业的最优决策

由于粮食加工企业是风险中性的，同样，可得粮食加工企业的利润函数如下 $\pi_{m3} = p_3q_3X - w_3q_3X - b_1(1-j)(1+r_2)cq_3^2 = (m-\beta q_3X)q_3X - w_3q_3X - b_1(1-j)(1+r_2)cq_3^2 = mq_3X - w_3q_3X - \beta q_3^2X^2 - b_1(1-j)(1+r_2)cq_3^2$

$$s.t.\begin{cases} q_3 = q_3^* \\ w_3 \geqslant w \end{cases} \tag{6.39}$$

命题6-9：在政府支持的种粮大户供应链外部融资情形下，粮食加工企业的最优收购价为：

$$w_3^* = \frac{mc[1+(1-s)r_2]}{\{2c[1+(1-s)r_2]+\beta(\sigma^2+\mu^2)+b_1(1-j)(1+r_2)c\}}。$$

银行融资下粮食加工企业的期望利润函数为：

$$E\pi_{m3} = mq_3\mu - w_3q_3\mu - \beta q_3^2(\sigma^2+\mu^2) - b_1(1-j)(1+r_2)cq_3^2 \tag{6.40}$$

将 $q_3^* = \dfrac{w_3\mu}{2c[1+(1-s)r_2]}$ 代入式（6.40）可得：

$$E\pi_{m3} = mq_3\mu - w_3q_3\mu - \beta q_3^2(\sigma^2+\mu^2) - b_1(1-j)(1+r_2)cq_3^2 = \frac{m\mu^2w_3}{2c[1+(1-s)r_2]} - \frac{\{2c[1+(1-s)r_2]+\beta(\sigma^2+\mu^2)+b_1(1-j)(1+r_2)c\}\mu^2w_3^2}{\{2c[1+(1-s)r_2]\}^2} \tag{6.41}$$

$$\frac{dE\pi_{m3}}{dw_3} = \frac{m\mu^2}{2c[1+(1-s)r_2]} - \frac{2\{2c[1+(1-s)r_2]+\beta(\sigma^2+\mu^2)+b_1(1-j)(1+r_2)c\}\mu^2w_3}{\{2c[1+(1-s)r_2]\}^2} \tag{6.42}$$

令 $\frac{dE\pi_{m3}}{dw_3}=0$，可得到 w_3^* 的表达式：

$$w_3^* = \frac{mc[1+(1-s)r_2]}{\{2c[1+(1-s)r_2]+\beta(\sigma^2+\mu^2)+b_1(1-j)(1+r_2)c\}} \tag{6.43}$$

由于粮食的公共品属性，粮食生产不能像工业品一样随价格变化调整产量，当粮食收购价 w_3 低于最低收购价 w 时，按照最低收购价执行。

因此，在政府支持的种粮大户供应链外部融资情形下，种粮大户的最优投入量为：

$$q_3^* = \frac{m\mu}{2\{2c[1+(1-s)r_2]+\beta(\sigma^2+\mu^2)+b_1(1-j)(1+r_2)c\}} \tag{6.44}$$

种粮大户的最优期望利润为：

$$E\pi_{f3}^* = \frac{m^2c\mu^2[1+(1-s)r_2]}{4\{2c[1+(1-s)r_2]+\beta(\sigma^2+\mu^2)+b_1(1-j)(1+r_2)c\}^2} \tag{6.45}$$

粮食加工企业的最优期望利润为：

$$E\pi_{m3}^* = \frac{\mu^2m^2}{4\{2c[1+(1-s)r_2]+\beta(\sigma^2+\mu^2)+b_1(1-j)(1+r_2)c\}} \tag{6.46}$$

推论 6－4：当资金约束且不考虑最低收购价政策时，在政府支持的种粮大户供应链外部融资情形下，产出随机风险增加将使得种粮大户减少种植规模，粮食加工企业降低收购价格，进而使得种粮大户和粮食加工企业的利润受损。

由于 $\frac{dq_3}{d\sigma^2}=\frac{-\beta m\mu}{2\{2c[1+(1-s)r_2]+\beta(\sigma^2+\mu^2)+b_1(1-j)(1+r_2)c\}^2}<0$，所以产出随机风险增大将使得种粮大户减少种植规模。

由于 $\frac{dw_2}{d\sigma^2}=\frac{-\beta mc[1+(1-s)r_2]}{\{2c[1+(1-s)r_2]+\beta(\sigma^2+\mu^2)+b_1(1-j)(1+r_2)c\}^2}<0$，所以产出随机风险增大将使得粮食加工企业降低收购价格。

由于 $\frac{d E\pi_{f3}{}^{*}}{d \sigma^2}=$

$$\frac{-m^2c\mu^2[1+(1-s)r_2]\{2\beta\sigma^2+2\mu^2+4c\beta[1+(1-s)r_2]+\beta b_1(1-j)(1+r_2)c\}}{16\{2c[1+(1-s)r_2]+\beta(\sigma^2+\mu^2)+b(1-j)(1+r_2)c\}^4}$$

<0，所以种粮大户的期望利润将随着产出随机风险增大而降低。

由于 $\frac{d E\pi_{m3}{}^{*}}{d \sigma^2}=$

$\frac{-4\beta\mu^2 m^2}{16\{2c[1+(1-s)r_2]+\beta(\sigma^2+\mu^2)+b_1(1-j)(1+r_2)c\}^2}<0$，所以粮食加工企业的期望利润也将随着产出随机增大而风险降低。

和无政府支持的种粮大户供应链外部融资情形一样，在政府支持的种粮大户供应链外部融资情形下，产出随机风险增加将使得种粮大户缩减种植规模，粮食加工企业降低收购价格，进而使得种粮大户和粮食加工企业的利润受损。

（2）政府支持情形下种粮大户供应链内部融资决策

由于该订单农业供应链中，粮食加工企业是主导者，种粮大户是跟随者，二者进行 Stackelberg 博弈，利用逆向归纳法求解，首先求解种粮大户的最优投入量 $q_4{}^{*}$，然后求解粮食加工企业的最优收购价 $w_4{}^{*}$，本节将探讨政府补贴决策，讨论求解政府的最优补贴率 $s_1{}^{*}$。

1）种粮大户的决策

粮食加工企业是主导者，种粮大户是跟随者，通过逆向归纳法，首先求解种粮大户的最优决策。由于种粮大户是风险中性的，其最优决策是使得利润最大化。

在政府支持的种粮大户供应链内部融资情形下，种粮大户的利润函数满足：

$$\pi_{f4}=max\left[0,w_4 q_4X-c q_4{}^2\right] \tag{6.47}$$

命题 6－10：在政府支持的种粮大户供应链内部融资情形下，种粮大户的最优投入量 $q_4{}^{*}=\frac{w_4\mu}{2c}$。

在政府支持的种粮大户供应链内部融资情形下，种粮大户的期望利润为：

$$E\pi_{f4} = w_4 q_4\mu - c q_4^2 \tag{6.48}$$

期望利润函数对 q_4 求一阶导数可得到：

$$\frac{\mathrm{d}E\pi_{f4}}{\mathrm{d}q_4} = w_4\mu - 2c q_4 \tag{6.49}$$

令式（6.49）等于0即可得到 $q_4{}^*$ 的表达式。

2）粮食加工企业的决策

由于粮食加工企业是风险中性的，同样，可得粮食加工企业的利润函数如下：$\pi_{m4} = p_4q_4X - w_4 q_4X + s_1c q_4^2 + l \times \max[0, c q_4^2 - w_4 q_4X] = (m - \beta q_4X)q_4X - w_4 q_4X + s_1c q_4^2 + l \times \max[0, c q_4^2 - w_4 q_4X] = m q_4X - w_4 q_4X - \beta q_4^2 X^2 + s_1c q_4^2 + l \times \max[0, c q_4^2 - w_4 q_4X]$

$$s.t.\begin{cases} q_4 = q_4{}^* \\ w_4 \geqslant w \end{cases} \tag{6.50}$$

命题6－11：在政府支持的种粮大户供应链内部融资情形下，粮食加工企业的最优收购价 $w_4{}^* = \dfrac{mc}{2c + \beta(\sigma^2 + \mu^2) - s_1c - (1 - l)c\varphi}$。

在政府支持的种粮大户供应链内部融资情形下，粮食加工企业的期望利润函数如下：

$$E\pi_{m4} = [m q_4\mu - w_4 q_4\mu - \beta q_4^2(\sigma^2 + \mu^2) + s_1c q_4^2]\left[1 - \int_{d_1}^{\frac{cq4}{w4}} g(x)\mathrm{d}x\right] + [m q_4\mu - c q_4^2 - \beta q_4^2(\sigma^2 + \mu^2) + s_1c q_4^2 + l(c q_4^2 - w_4 q_4\mu)]\int_{d_1}^{\frac{cq4}{w4}} g(x)\mathrm{d}x = m q_4\mu - w_4 q_4\mu - \beta q_4^2(\sigma^2 + \mu^2) + s_1c q_4^2 + \int_{d_1}^{\frac{cq4}{w4}} g(x)\mathrm{d}x[c q_4^2(l - 1) + w_4 q_4\mu(1 - l)] \tag{6.51}$$

令 $\varphi = \int_{d_1}^{\frac{\mu}{2}} g(x)\mathrm{d}x$，将 $q_4{}^* = \dfrac{w_4\mu}{2c}$ 代入式（6.51）可得：

$$E\pi_{m4} = \frac{m\mu^2 w_3}{2c} - \frac{2c\mu^2 + \beta\mu^2(\sigma^2 + \mu^2) - s_1\mu^2 c - \mu^2(1-l)c\varphi}{4c^2} w_4{}^2 \quad (6.52)$$

$$\frac{\mathrm{d}E\pi_{m4}}{\mathrm{d}w_4} = \frac{m\mu^2}{2c} - \frac{2c\mu^2 + \beta\mu^2(\sigma^2 + \mu^2) - s_1\mu^2 c - \mu^2(1-l)c\varphi}{2c^2} w_4 \quad (6.53)$$

令 $\frac{\mathrm{d}E\pi_{m4}}{\mathrm{d}w_4} = 0$，可得到 $w_4{}^*$ 的表达式：

$$w_4{}^* = \frac{mc}{2c + \beta(\sigma^2 + \mu^2) - s_1 c - (1-l)c\varphi} \quad (6.54)$$

由于粮食的公共品属性，粮食生产不能像工业品一样随价格变化调整产量，当粮食收购价 w_4 低于最低收购价 w 时，按照最低收购价执行。

因此，在政府支持的种粮大户供应链内部融资情形下，种粮大户的最优投入量为：

$$q_4{}^* = \frac{m\mu}{2[2c + \beta(\sigma^2 + \mu^2) - s_1 c - (1-l)c\varphi]} \quad (6.55)$$

种粮大户的最优期望利润为：

$$E\pi_{f4}{}^* = \frac{m^2 c\mu^2}{4[2c + \beta(\sigma^2 + \mu^2) - s_1 c - (1-l)c\varphi]^2} \quad (6.56)$$

粮食加工企业的最优期望利润为：

$$E\pi_{m4}^* = \frac{\mu^2 m^2}{4[2c + \beta(\sigma^2 + \mu^2) - s_1 c - (1-l)c\varphi]} \quad (6.57)$$

推论6-5：当资金约束且不考虑最低收购价政策时，在政府支持的种粮大户供应链内部融资情形下，产出随机风险增加将使得种粮大户减少种植规模、粮食加工企业降低收购价格，进而使得种粮大户和粮食加工企业的利润受损。

由于 $\frac{\mathrm{d}q_4^*}{\mathrm{d}\sigma^2} = \frac{-\beta m\mu}{2[2c + \beta(\sigma^2 + \mu^2) - s_1 c - (1-l)c\varphi]^2} < 0$，所以可得产出随机风险增大将使得种粮大户减少种植规模。

由于 $\frac{\mathrm{d}w_4^*}{\mathrm{d}\sigma^2} = \frac{-\beta mc}{2[2c + \beta(\sigma^2 + \mu^2) - s_1 c + lc\varphi]^2} < 0$，所以可得产出随机

风险增大将使得粮食加工企业降低收购价格。

由于 $\frac{\mathrm{d}E\pi_{f4}{}^{*}}{\mathrm{d}\sigma^2}=\frac{-4m^2c\mu^2\{2\beta_1^2\sigma^2+2\beta_1^2\mu^2+8\beta[2c++b(1-j_1)c-s_1c-(1-l)c\varphi]\}}{16[2c+\beta(\sigma^2+\mu^2)-s_1c-(1-l)c\varphi]^4}<0$，所以可得种粮大户的期望利润将随着产出随机风险增大而降低。

由于 $\frac{\mathrm{d}E\pi_{m4}{}^{*}}{\mathrm{d}\sigma^2}=\frac{-4\beta\mu^2m^2}{16[2c+\beta(\sigma^2+\mu^2)-s_1c-(1-l)c\varphi]^2}<0$，所以可得粮食加工企业的期望利润也将随着产出随机增大而风险降低。

推论 6－5 说明在政府支持的种粮大户供应链内部融资情形下，产出随机风险增加将使得种粮大户缩减种植规模、粮食加工企业降低收购价格，进而使得种粮大户和粮食加工企业的利润受损，为降低产出随机风险造成的损失，供应链将通过购买保险的方式对冲风险，在该订单农业供应链中，由于种粮大户受资金约束，其下游粮食加工企业将为其预付款购买保险，为激励粮食加工企业政府将给予预付款补贴，同时对其购买保险的行为给予补贴。

3）政府的决策

接下来分析政府补贴对供应链成员决策的影响，可得到推论 6－6。

推论 6－6：当政府补贴率提高，种粮大户的最优投入量将随之增加，粮食加工企业的最优收购价将随之提高，粮食加工企业的利润随之增加。

由于 $\frac{\mathrm{d}q_4^*}{\mathrm{d}s_1}=\frac{cm\mu}{2[2c+\beta(\sigma^2+\mu^2)-s_1c-(1-l)c\varphi]^2}>0$，所以政府补贴率的提高将使得种粮大户扩大种植规模。

由于 $\frac{\mathrm{d}w_4^*}{\mathrm{d}s_1}=\frac{mc^2}{2[2c+\beta(\sigma^2+\mu^2)-s_1c-(1-l)c\varphi]^2}>0$，所以政府补贴率的提高将使得粮食加工企业提高收购价格，进而惠及种粮大户，有利于种粮大户提高收入。

由于 $\frac{\mathrm{d}E\pi_{m4}{}^{*}}{\mathrm{d}s_1}=\frac{4c\mu^2m^2}{16[2c+\beta(\sigma^2+\mu^2)-s_1c-(1-l)c\varphi]^2}>0$，所以粮食加工企业的期望利润也将随着政府补贴率的提高而增加。

推论 6－6 说明政府补贴有助于资金约束的种粮大户扩大种植规模，同时使得粮食加工企业提高收购价格，而且政府补贴将使得粮食加工企业一直受益，其期望利润也将随着政府补贴率的提高而增加。

推论 6－7：$E\pi_{f4}{}^{*}$ 是 s_1 的严格凹函数。

$$\frac{\mathrm{d}E\pi_{f4}{}^{*}}{\mathrm{d}s_1}=\frac{-4m^2c\mu^2\{2c^2s_1-2c[2c+\beta(\sigma^2+\mu^2)-(1-l)c\varphi]\}}{16[2c+\beta(\sigma^2+\mu^2)-s_1c-(1-l)c\varphi]^4} \tag{6.58}$$

令 $F=-4m^2c\mu^2\{2c^2s_1-2c[2c+\beta(\sigma^2+\mu^2)-(1-l)c\varphi]\}$，求其一阶导数可得：

$$\frac{\mathrm{d}F}{\mathrm{d}s_1}=-8m^2c^3\mu^2<0 \tag{6.59}$$

由上式可知，F 是 s_1 的严格递减函数，令 $F=0$，$s'_1=2+\frac{\beta(\sigma^2+\mu^2)}{c}-(1-l)\varphi$

当 $s_1<s'_1$ 时，$\frac{\mathrm{d}E\pi_{f4}{}^{*}}{\mathrm{d}s_1}>0$，当 $s_1>s'_1$ 时，$\frac{\mathrm{d}E\pi_{f4}{}^{*}}{\mathrm{d}s_1}<0$，当 $s_1=s'_1$ 时，$\frac{\mathrm{d}E\pi_{f4}{}^{*}}{\mathrm{d}s_1}=0$，所以，$E\pi_{f4}{}^{*}$ 是 s_1 的严格凹函数。

从推论 6－7 可看出，种粮大户的期望利润将随着政府补贴率先增加，增加到一定值后，随着政府补贴的增加，期望利润不增反减。这说明，政府补贴并不是越多越好，补贴越多不一定对种粮大户有利。

由于政府财政资金有限，同时政府财政资金属于社会公共资源，所以政府做出补贴决策时需要以社会整体福利最大化为目标，通过补贴粮食加工企业的预付款行为和为其购置预付款保证保险，激励供应链利益相关者创造更多的社会价值。该订单粮食供应链的利益相关者包括种粮大户、粮食加工企业、保险公司和消费者，其中消费者的利益用消费者剩余来表示，其余各利益相关者的利益用期望利润来表示。政府的支付在社会福利函数中应予以扣除。通过前述分析，可得到社会福利函数：

$$\max\pi_{Wef}=E\pi_{f_4}+E\pi_{m_4}+E\pi_b+CS-G \tag{6.60}$$

$E\,\pi_{f_4}$ 可由式（6.48）得到，$E\,\pi_{m_4}$ 可由式（6.52）得到，保险公司的期望利润为：

$$E\,\pi_b = b_2 c\, q_4^{\ 2} - l(c\, q_4^{\ 2} - w_4\, q_4 \mu)\int_{d_1}^{\frac{cq_4}{w_4}} g(x)\,\mathrm{d}x \tag{6.61}$$

$$\text{政府支出 } G = (b_2 + s_1)c\, q_4^{\ 2} \tag{6.62}$$

由需求函数 $p_4 = m - \beta\, Q_4$ 可得到消费者剩余 CS：

$$CS = E\Big[\int_0^{Q_4}(m - \beta\, Q_4)\,\mathrm{d}\, Q_4 - Q_4(m - \beta\, Q_3)\Big] = \frac{\beta\, q_4^{\ 2} E(x^2)}{2} = \frac{\beta\, q_4^{\ 2}(\sigma^2 + \mu^2)}{2} \tag{6.63}$$

将式（6.48）、式（6.52）、式（6.61）、式（6.62）与式（6.63）代入可得期望社会福利函数为：

$$E\,\pi_{Wef} = m\, q_4 \mu - \Big[c + \frac{\beta(\sigma^2 + \mu^2)}{2}\Big]q_4^{\ 2} \tag{6.64}$$

推论 6－8：期望社会福利函数 $E\,\pi_{Wef}$ 是 q_4 的严格凹函数。

对期望社会福利函数 $E\,\pi_{Wef}$ 求一阶及二阶导数如下：

$$\frac{\mathrm{d}E\,\pi_{Wef}}{\mathrm{d}\, q_4} = m\mu - 2\Big[c + \frac{1}{2}\beta(\sigma^2 + \mu^2)\Big]q_4 \tag{6.65}$$

$$\frac{\mathrm{d}^2 E\,\pi_{Wef}}{\mathrm{d}\, q_4^{\ 2}} = -2\Big[c + \frac{1}{2}\beta(\sigma^2 + \mu^2)\Big] < 0 \tag{6.66}$$

由 $\frac{\mathrm{d}^2 E\,\pi_{Wef}}{\mathrm{d}\, q_4^{\ 2}} < 0$ 可得期望社会福利函数 $E\,\pi_{Wef}$ 是 q_4 的严格凹函数。

由推论 6－8 可知，此时，存在使期望社会福利函数最大化的最优投入量 $q_{wef}^{\ *}$，其表达式为：

$$q_{wef}^{\ *} = \frac{m\mu}{2c + \beta(\sigma^2 + \mu^2)} \tag{6.67}$$

推论 6－8 表明，从社会福利最大化角度出发，最优投入量 $q_{wef}^{\ *}$ 是政府补贴机制设计的基准。

命题 6－12：在资金约束的订单粮食供应链内部融资中，若最优计划投入量 $q_4^{\ *}$ 满足 $q_4^{\ *} = q_{wef}^{\ *}$，则社会福利将达到最大化。

命题 6－12 显示，政府将设计一个保证保险下有效的预付款补贴机制，激励粮食加工企业提供内部融资供种粮大户的最优计划投入量 $q_4{}^*$ 向 $q_{wef}{}^*$ 靠近，可能出现 $q_4{}^* = q_{wef}{}^*$，接下来将分析政府预付款补贴机制设计问题。

（1）当 $\beta \geqslant \frac{2c}{\sigma^2 + \mu^2}$ 时

比较式（6.55）和式（6.67）可得，$q_4{}^* < q_{wef}{}^*$，可得推论6－9。

推论6－9：当 $\beta \geqslant \frac{2c}{\sigma^2 + \mu^2}$ 时，$q_4{}^* < q_{wef}{}^*$。

联立推论6－6和推论6－9可得命题6－13。

命题6－13：当 $\beta \geqslant \frac{2c}{\sigma^2 + \mu^2}$ 时，如果政府以社会福利最大化为目标进行决策时，应对预付款进行全额补贴，即 $s_1{}^* = 1$。

由推论6－9可知，当 $\beta \geqslant \frac{2c}{\sigma^2 + \mu^2}$ 时，$q_4{}^* < q_{wef}{}^*$，因此，即使政府给予补贴，社会福利也不可能达到最大化水平，又由推论6－6可知，$\frac{\mathrm{d}\, q_4^*}{\mathrm{d}\, s_1} > 0$，所以，如果政府以社会福利最大化为目标进行决策时，应对预付款进行全额补贴，即 $s_1{}^* = 1$。

（2）当 $\beta < \frac{2c}{\sigma^2 + \mu^2}$ 时

根据式（6.55）和式（6.67）可知，当 $q_4{}^* = q_{wef}{}^*$，有下式：

$$s_1{}'' = 1 - \frac{2c\varphi(1 - l) - \beta(\sigma^2 + \mu^2)}{2c} \tag{6.68}$$

同时，满足社会福利最大化的 $s_1{}''$ 可能不是最优补贴率的可行解，可行解 $s_1{}''$ 还需满足 $s_1{}'' \in [0,1]$，所以，根据 $0 \leqslant s_1{}'' \leqslant 1$、式（6.68）和命题6－13，可得命题6－14。

命题6－14：在产出随机的内部融资的订单粮食供应链中，如果政府以社会福利最大化为目标，那么政府的补贴率应满足：

①当 $0 < \beta \leqslant \frac{2c(1 - l)\varphi - c}{\sigma^2 + \mu^2}$ 时，$s_1{}^* = 0$；

②当 $\frac{2c(1 - l)\varphi - c}{\sigma^2 + \mu^2} < \beta \leqslant \frac{2c(1 - l)\varphi}{\sigma^2 + \mu^2}$ 时，$s_1{}^* = s_1{}'' = 1 -$

$\dfrac{2c\varphi(1-l)-\beta(\sigma^2+\mu^2)}{2c}$；

③当$\beta > \dfrac{2c(1-l)\varphi}{\sigma^2+\mu^2}$时，$s_1^{*}=1$。

当$s_1''<0$，即$\beta \leqslant \dfrac{2c(1-l)\varphi-c}{\sigma^2+\mu^2}$时，$s_1^{*}=0$，说明此时政府的最优决策就是不补贴。

当$s_1''>1$，即$\beta > \dfrac{2c(1-l)\varphi}{\sigma^2+\mu^2}$，$s_1^{*}=1$，说明政府的最优决策是取补贴的最大值1。

当$\dfrac{2c(1-l)\varphi-c}{\sigma^2+\mu^2}<\beta \leqslant \dfrac{2c(1-l)\varphi}{\sigma^2+\mu^2}$时，$0 \leqslant s_1'' \leqslant 1$，此时政府的最优补贴率满足$s_1^{*}=s_1''$。

从命题6－14可看出，随着价格敏感系数β_1的增大，政府补贴率随之增大。当$0<\beta \leqslant \dfrac{2c(1-l)\varphi-c}{\sigma^2+\mu^2}$时，政府对预付款补贴越多，将会使得种粮大户的最优计划投入量q_3^{*}超过社会福利最大化的最优投入量q_{wef}^{*}更多，不利于社会福利最大化目标的实现，因此，政府不应提供补贴；当$\dfrac{2c(1-l)\varphi-c}{\sigma^2+\mu^2}<\beta \leqslant \dfrac{2c(1-l)\varphi}{\sigma^2+\mu^2}$时，政府应提供部分补贴，此时该供应链的社会福利将达到最大化水平；当$\beta > \dfrac{2c(1-l)\varphi}{\sigma^2+\mu^2}$时，政府应提供全额补贴，即使政府提供全额补贴，该供应链的社会福利也无法达到最大化水平。

6.4 供应链融资的数值仿真及敏感性分析

假设在该订单粮食供应链中，种粮大户只种植单一粮食品种水稻，参数设置如下：$m=5000$，$\beta=0.5$，$c=100$，$w=2335.3333$，$X \sim U[5-a,5+a]$，$\mu=5$，$\sigma^2=\dfrac{a^2}{3}$，$r_f=0.0002$，$s=s_1=0.5$，$b_1=b_2=0.025$，$j=0.8$，$l=0.85$。Δq_1表示无政府支持的供应链外部融资情形下启动最低收购价政策前后种粮大户投入量的差额，Δq_2表示无政府支持的供应链内部融资情形

下启动最低收购价政策前后种粮大户投入量的差额，Δq_3 表示政府支持的供应链外部融资情形下启动最低收购价政策前后种粮大户投入量的差额，Δq_4 表示政府支持的供应链内部融资情形下启动最低收购价政策前后种粮大户投入量的差额，$\Delta E\pi_{f1}$、$\Delta E\pi_{m1}$、$\Delta E\pi_{f2}$、$\Delta E\pi_{m2}$、$\Delta E\pi_{f3}$、$\Delta E\pi_{m3}$、$\Delta E\pi_{f4}$、$\Delta E\pi_{m4}$ 所代表的含义类似，不再赘述。$\Delta_1 q_4$ 表示政府支持的供应链内部融资情形下，针对不同政府补贴率时启动最低收购价政策前后种粮大户投入量的差额，$\Delta_1 E\pi_{f4}$ 表示政府支持的供应链内部融资情形下，针对不同政府补贴率时启动最低收购价政策前后种粮大户利润的差额，$\Delta_1 E\pi_{m4}$ 表示政府支持的供应链内部融资情形下，针对不同政府补贴率时启动最低收购价政策前后粮食加工企业利润的差额，$\Delta_2 E\pi_{f4}$ 表示政府支持的供应链内部融资时，固定补贴率与社会福利最大化机制下最优补贴率情形下种粮大户期望利润的差额，$\Delta_2 E\pi_{m4}$ 表示政府支持的供应链内部融资时，固定补贴率与社会福利最大化机制下最优补贴率情形下粮食加工企业期望利润的差额，$\Delta E\pi_{wef}$ 表示政府支持的供应链内部融资时，固定补贴率与社会福利最大化机制下最优补贴率情形下期望社会福利的差额，ΔCS 表示政府支持的供应链内部融资时，固定补贴率与社会福利最大化机制下最优补贴率情形下消费者剩余的差额、ΔG 表示政府支持的供应链内部融资时，固定补贴率与社会福利最大化机制下最优补贴率情形下政府支出的差额、$\Delta E\pi_b$ 表示政府支持的供应链内部融资时，固定补贴率与社会福利最大化机制下最优补贴率情形下保险公司期望利润的差额。

6.4.1 基准模型：种粮大户资金充足

当给定相应参数后，容易得出订单粮食供应链上各成员的最优决策和最优期望利润，验证了命题 6－1。同时，从表 6－2 可得到：当资金充足时，随着产出随机风险增大，种粮大户将增加种植规模、粮食加工企业将提高收购价格，种粮大户的利润随产出随机风险增大而减少，而粮食加工企业的利润随产出随机风险增大而增加。验证了推论 6－1。

表6-2　无资金约束时产出随机风险敏感性分析

a	σ^2	q_0	w_0	$E\pi_{f0}$	$E\pi_{m0}$
0.1	0.0000	65.7895	2631.5789	432825.5860	995527.5105
0.5	0.0833	65.7943	2631.7713	432888.7703	996245.4061
1	0.3333	65.8665	2634.6604	433839.7211	998795.4467
1.5	0.7500	66.1813	2647.2535	437996.9349	1004107.9733
2	1.3333	67.0441	2681.7640	449491.1361	1013852.2292
2.5	2.0833	68.9391	2757.5642	475260.0032	1030390.0902
3	3.0000	72.6744	2906.9767	528157.1120	1056314.2239
3.5	4.0833	79.7943	3191.7723	636713.1590	1091786.2029
4	5.3333	93.9065	3756.2604	881843.2780	1118961.1372
4.5	6.7500	126.4223	5056.8900	1598258.5375	1198933.3542
5	8.3333	244.5652	9782.6087	5981214.5558	1360822.3062

6.4.2 无政府支持情形下种粮大户供应链融资的仿真及敏感性分析

（1）无政府支持的种粮大户供应链外部融资的仿真及敏感性分析

从图6.5可看出，当资本市场存在竞争的时候，融资利率r_1将随资本市场的平均回报率r_f的增加而增加，验证了命题6-2。这说明，在无政府支持的种粮大户供应链外部融资的情形下，给定相关参数后，种粮大户存在唯一的最优投入量使得其收益最大化，粮食加工企业存在唯一的最优收购价格使得其收益最大化。而融资利率r_1将随资本市场的平均回报率r_f的增加而增加，这将使得融资越来越贵，在无政府支持的种粮大户供应链外部融资的情形下，融资难题愈发难以解决，亟待政府参与并给出解决方案。

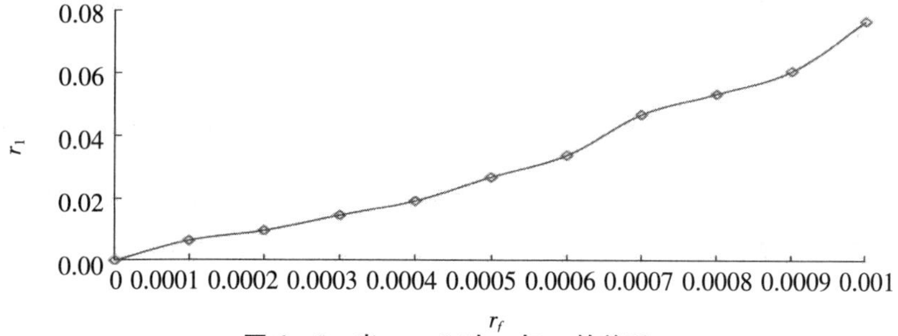

图6-5　当$a=3$时r_1与r_f的关系

如表6－3所示，在无政府支持的种粮大户供应链外部融资的情形下，当给定相应参数后，容易得出订单粮食供应链上各成员的最优决策和最优期望利润，验证了命题6－3和命题6－4。同时，从表6－3可得到：当资金充足时，随着产出随机风险增大，种粮大户将增加种植规模，粮食加工企业将提高收购价格，种粮大户的利润随产出随机风险增大而减少，而粮食加工企业的利润随产出随机风险增大而增加。验证了推论6－2。

表6－3　无政府支持的种粮大户供应链外部融资情形下的产出随机风险敏感性分析

a	σ^2	q_1	w_1	$E\pi_{f1}$	$E\pi_{m1}$	Δq_1	$\Delta E\pi_{f1}$	$\Delta E\pi_{m1}$
0.0	0.0000	59.4339	2356.3962	341842.2986	727923.1918	0.00	0.00	0.00
0.5	0.0833	59.0296	2355.245	341005.7434	727370.2572	0.00	0.00	0.00
1.0	0.3333	58.7189	2353.7787	340644.0666	726486.8401	0.00	0.00	0.00
1.5	0.7500	58.1842	2350.1757	339857.6635	726302.3483	0.00	0.00	0.00
2.0	1.3333	58.1215	2346.9467	339020.2287	725518.9089	0.00	0.00	0.00
2.5	2.0833	58.0365	2342.8178	338922.4132	725456.3604	0.00	0.00	0.00
3.0	3.0000	57.9455	2337.7526	338655.5260	723118.5611	0.00	0.00	0.00
3.5	4.0833	56.8431	2331.7106	337308.5484	721307.0757	3.11	914.61	－3267.77
4.0	5.3333	55.6870	2325.1936	334993.3965	719355.9134	5.19	3296.55	－7131.37
4.5	6.7500	54.5096	2317.7592	332590.8557	717483.6414	8.32	5765.19	－8086.41
5.0	8.3333	53.2956	2309.2942	330296.7910	715146.6146	10.56	8026.28	－9348.95

当$w_1 < w = 2335.3333$时启动最低收购价，从表6－3第7、8、9列可直观看出，启动最低收购价后，种粮大户的最优投入量比不启动最低收购价政策时要多，种粮大户的期望利润比不启动最低收购价政策时要高，所以，最低收购价政策的实施增加了种粮大户的收益，这就解释了为什么要启动最低收购价政策。同时，启动最低收购价后，粮食加工企业的期望利润比不启动最低收购价政策时要低，但当产出随机风险最大时，其期望利润降低得更多，这是由于最低收购价高于市场价格，粮食加工企业利润必然会降低，随着产出随机风险增大，粮食实际产出量减少，将导致粮食加工企业利润进一步降低。

（2）无政府支持的种粮大户供应链内部融资的仿真及敏感性分析

从图6－6可看出，当资本市场存在竞争的时候，价格折扣因子k将随资本市场的平均回报率 r_f 的增加而增加，验证了命题6－5。这说明，在无政府支持的种粮大户供应链内部融资的情形下，给定相关参数后，种粮大户存在唯一的最优投入量使得其收益最大化，粮食加工企业存在唯一的最优收购价格使得其收益最大化。而价格折扣因子 k 将随资本市场的平均回报率 r_f 的增加而增加，这将使得融资越来越贵，在无政府支持的种粮大户供应链内部融资的情形下，种粮大户的融资负担越重，亟待政府参与并给出解决方案。

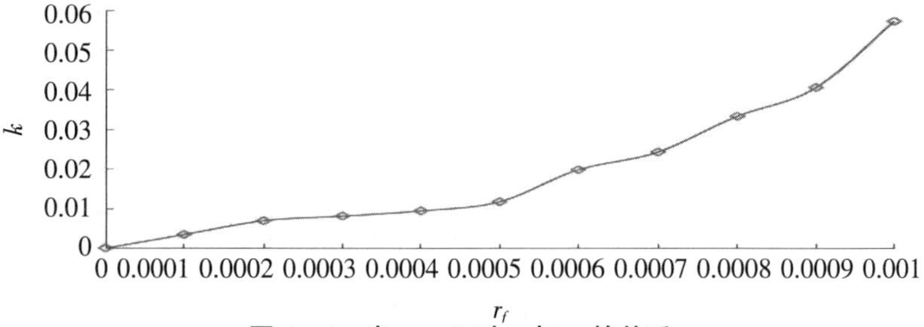

图6－6 当 $a=3$ 时 r_f 与 r_f 的关系

如表6－4所示，在无政府支持的种粮大户供应链内部融资的情形下，当给定相应参数后，容易得出订单粮食供应链上各成员的最优决策和最优期望利润，验证了命题6－6和命题6－7。同时，从表6－4可得到：当资金充足时，随着产出随机风险增大，种粮大户将增加种植规模，粮食加工企业将提高收购价格，种粮大户的利润随产出随机风险增大而减少，而粮食加工企业的利润随产出随机风险增大而增加。验证了推论6－3。

表6－4 无政府支持的种粮大户供应链内部融资情形下的产出随机风险敏感性分析

a	σ^2	q_2	w_2	$E\pi_{f2}$	$E\pi_{m2}$	Δq_2	$\Delta E\pi_{f2}$	$\Delta E\pi_{m2}$
0.0	0.0000	69.4886	2340.0028	337285.802	730281.843	0.00	0.00	0.00
0.5	0.0833	68.0341	2338.9832	336112.319	729735.295	0.00	0.00	0.00
1.0	0.3333	65.4137	2337.0397	331082.633	729021.972	0.00	0.00	0.00
1.5	0.7500	63.3871	2336.6395	327019.807	728834.648	0.00	0.00	0.00
2.0	1.3333	62.8186	2335.5701	320172.304	728025.209	0.00	0.00	0.00
2.5	2.0833	59.2276	2329.0746	308482.029	726837.846	2.67	341.83	－3067.23
3.0	3.0000	56.1198	2318.3848	293018.269	725387.459	3.26	904.78	－7569.34

续表

a	σ^2	q_2	w_2	$E\pi_{f2}$	$E\pi_{m2}$	Δq_2	$\Delta E\pi_{f2}$	$\Delta E\pi_{m2}$
3.5	4.0833	55.0117	2308.2364	271820.789	722783.645	5.93	1845.03	-8059.08
4.0	5.3333	54.8143	2299.7503	254849.203	716823.879	7.04	3506.46	-10605.68
4.5	6.7500	53.5935	2294.6667	249735.835	709836.281	8.87	6081.87	-15150.17
5.0	8.3333	50.371	2289.0034	213981.275	707832.246	12.69	9109.58	-19148.95

当 $w_2 < w = 2335.3333$ 时启动最低收购价，从表6－4第7、8、9列可直观看出，启动最低收购价后，种粮大户的最优投入量比不启动最低收购价政策时要多，种粮大户的期望利润比不启动最低收购价政策时要高，所以，最低收购价政策的实施增加了种粮大户的收益，这就解释了为什么要启动最低收购价政策。同时，启动最低收购价后，粮食加工企业的期望利润比不启动最低收购价政策时要低，但当产出随机风险最大时，其期望利润降低得更多，这是由于最低收购价高于市场价格，粮食加工企业利润必然会降低，随着产出随机风险增大，粮食实际产出量减少，将导致粮食加工企业利润进一步降低。

综上，从表6－2、表6－3和表6－4中可直观看出，在同等的产出随机风险且资金充足的情形下种粮大户的种植规模比供应链内、外部融资情形下的种植规模大，资金充足的情形下种粮大户和粮食加工企业的利润都远远大于其他两种融资情形下的利润，这说明融资过程中产生的成本不容忽视。

6.4.3 政府支持情形下种粮大户供应链融资的仿真及敏感性分析

（1）政府支持的种粮大户供应链外部融资的仿真及敏感性分析

如表6－5所示，在政府支持的种粮大户供应链外部融资的情形下，当给定相应参数后，容易得出订单粮食供应链上各成员的最优决策和最优期望利润，验证了命题6－8和命题6－9。这说明，在政府支持的种粮大户供应链外部融资的情形下，给定相关参数后，种粮大户存在唯一的最优投入量使得其收益最大化，粮食加工企业存在唯一的最优收购价格使得其利润最大化。

表6-5　政府支持的种粮大户供应链外部融资时的产出随机风险敏感性分析

a	σ^2	q_3	w_3	$E\pi_{f3}$	$E\pi_{m3}$	Δq_3	$\Delta E\pi_{f3}$	$\Delta E\pi_{m3}$
0.0	0.0000	70.4886	2348.0118	359977.6229	738357.5309	0.00	0.00	0.00
0.5	0.0833	68.0341	2347.5334	352940.2846	734426.8396	0.00	0.00	0.00
1.0	0.3333	65.4137	2346.1293	349615.4346	732971.6912	0.00	0.00	0.00
1.5	0.7500	63.3871	2343.7732	347115.0343	731838.1908	0.00	0.00	0.00
2.0	1.3333	62.8186	2340.5569	344944.7360	730981.9345	0.00	0.00	0.00
2.5	2.0833	61.2276	2336.4408	341113.3681	729045.0376	0.00	0.00	0.00
3.0	3.0000	59.1198	2331.4193	338754.3062	728798.0215	7.10	1138.35	-1052.05
3.5	4.0833	58.0117	2325.4566	338259.1555	727146.1102	10.25	2870.92	-3470.08
4.0	5.3333	57.8143	2318.8172	337152.1670	726679.1439	13.41	4791.34	-6192.66
4.5	6.7500	57.5935	2311.3432	335795.9865	723919.0189	17.60	6944.22	-7057.56
5.0	8.3333	57.3710	2302.9856	332311.3100	721137.1609	23.81	9344.26	-8141.48

当 $w_3 < w = 2335.3333$ 时启动最低收购价，从表6-5第7、8、9列可直观看出，启动最低收购价后，种粮大户的最优投入量比不启动最低收购价政策时要多，种粮大户的期望利润比不启动最低收购价政策时要高得多，所以，在政府支持的种粮大户供应链外部融资的情形下，最低收购价政策的实施大大增加了种粮大户的利润，这就进一步解释了为什么要启动最低收购价政策。

从表6-5第2、3、4、5、6列可看出，当资金约束且不考虑最低收购价政策时，在政府支持的种粮大户供应链外部融资的情形下，随着产出随机风险增大，种粮大户将减小种植规模，粮食加工企业将降低收购价格，种粮大户和粮食加工企业的利润都将随产出随机风险增大而减少。验证了推论6-4。

（2）政府支持的种粮大户供应链内部融资的仿真及敏感性分析

1）政府支持的种粮大户供应链内部融资时的产出随机风险的敏感性分析

如表6-6所示，在政府支持的种粮大户供应链内部融资的情形下，当给定相应参数后，容易得出订单粮食供应链上各成员的最优决策和最优期望利润，这就验证了命题6－10和命题6－11。

从表6－6第2、3、4、5、6列可看出，当资金约束时且不考虑最低收购价政策时，在订单粮食供应链内部融资的情形下，随着产出随机风险增大，种粮大户将减小种植规模，粮食加工企业将降低收购价格，种粮大户和粮食加工企业的利润都将随产出随机风险增大而减少。验证了推论6－5。

表6－6 政府支持的种粮大户供应链内部融资时的产出随机风险敏感性分析

a	σ^2	q_4	w_4	$E\pi_{f4}$	$E\pi_{m4}$	Δq_4	$\Delta E\pi_{f4}$	$\Delta E\pi_{m4}$
0.1	0.0033	65.4979	2343.9167	349285.802	735898.4	0.00	0.00	0.00
0.5	0.0833	64.4480	2340.9084	346112.319	732962.2	0.00	0.00	0.00
1	0.3333	63.2924	2338.0944	341082.633	729050.7	0.00	0.00	0.00
1.5	0.7500	62.0347	2337.3896	340019.807	727246.3	0.00	0.00	0.00
2	1.3333	61.6776	2335.9053	339172.304	725619.5	0.00	0.00	0.00
2.5	2.0833	61.1245	2330.1796	338482.029	724265.7	2.11	3904.08	－1056.67
3	3.0000	60.0746	2323.9821	338018.269	723111.7	3.98	7013.94	－2987.35
3.5	4.0833	59.4630	2318.5189	329820.789	720143.1	6.67	8056.57	－4777.07
4	5.3333	58.4108	2310.4317	323849.203	713734.1	10.93	8687.29	－5376.01
4.5	6.7500	57.7927	2296.7087	319735.835	709385.7	16.33	16116.76	－10605.54
5	8.3333	55.9994	2281.9748	313981.275	701430.4	22.19	25541.11	－17985.21

当$w_4 < w = 2445.0233$时，启动最低收购价政策。从表6－6第7、8、9列可直观看出，启动最低收购价之后，种粮大户的投入量增加，期望利润也随之增加。但粮食加工企业的利润随之降低，原因是粮价过低，为提高农民收入，解决卖粮难问题，政府要求企业按照最低收购价收购粮食。由于市场价格低于最低收购价，按照最低收购价收购粮食必将使得粮食加工企业的利润减少。市场价格越低于最低收购价，粮食加工企业的期望利润越低。

同时，对比表6－2、表6－3、表6－4、表6－5与表6－6可知，在同等的产出随机风险且资金充足的情形下种粮大户的种植规模比融资情形下的种植规模大，无论是选择供应链内部融资还是选择供应链外部融资；同时，资金充足的情形下种粮大户的利润远大于融资情形下的利润，无论是供应链内部融资还是供应链外部融资；资金充足的情形下粮食加工企业的利润远大于融资情形下的利润，无论是供应链内部融资还是供应链外部融资，这进一步说明融资过程中产生的成本不容忽视。

2）政府支持情形下订单粮食内部融资时的政府补贴率的敏感性分析

根据上述给定的参数，当 $a = 3$ 时，$\sigma^2 = 3$，此时进行订单粮食供应链内部融资时的政府补贴率敏感性分析，如表 6－7 所示。

从表 6－7 第 1、2、3、5 列可看出，当资金约束且不考虑最低收购价政策时，在订单粮食供应链内部融资的情形下，随着政府补贴率提高，种粮大户将扩大种植规模，粮食加工企业将提高收购价格，粮食加工企业的利润随政府补贴率提高而增加。验证了推论 6－6，政府补贴将使得粮食加工企业一直受益。从表 6－7 第 1 列与 4 列可看出，当资金约束且不考虑最低收购价政策时，在订单粮食供应链内部融资的情形下，随着政府补贴率提高，种粮大户的利润随政府补贴率提高而增加，似乎有悖于推论 6－7。推论 6－7 表明，当政府补贴率变化时，种粮大户的利润先增加后减少，存在一个最大值点。通过分析发现，使得种粮大户的期望利润达到最大的补贴率 $s'_1 = 2 + \frac{\beta_1(\sigma^2 + \mu^2)}{c} - (1 - l)\varphi = 2.0433$，所以政府补贴率 $s_1 \in [0,1]$ 时，种粮大户的期望利润将随政府补贴率提高而增加，在给定的这种情形下，政府补贴率越大越有利于种粮大户。验证了推论 6－7。

当 $w_4 < w = 2335.3333$ 时，启动最低收购价政策。从表 6－7 第 6、7、8 列可看出，和表 6－6 情况类似，启动最低收购价之后，种粮大户的投入量增加，期望利润也随之增加，但粮食加工企业的利润随之降低。当政府补贴率为 0 时，种粮大户投入量较有补贴的情形少，粮食收购价最低，此时，启动最低收购价政策将使得种粮大户增加投入量，期望利润得到极大的提升，同时粮食加工企业的期望利润急剧减少。随着补贴率增加，最低收购价政策使得种粮大户期望利润增加速度减慢，使得粮食加工企业利润降低速度也减慢。不管政府提供补贴与否，最低收购价政策有助于提高种粮大户的收益，促进其增加投入量，避免谷贱伤农现象出现，提高了种粮大户的种粮积

极性，进而保障国家粮食安全。

表 6－7　政府支持的种粮大户供应链内部融资时的政府补贴率敏感性分析

s_1	q_4	w_4	$E\pi_{f4}$	$E\pi_{m4}$	$\Delta_1 q_4$	$\Delta_1 E\pi_{f4}$	$\Delta_1 E\pi_{m4}$
0	49.1481	1965.9240	241553.5695	614351.2451	11.98	132080.11	－110451.55
0.1	51.1596	2046.3847	261730.6515	639495.2251	9.97	111903.03	－86932.99
0.2	53.3428	2133.7127	284545.6072	666785.2063	7.78	89088.08	－64083.23
0.3	55.7207	2228.8262	310479.1259	696508.1724	5.40	63154.56	－41920.06
0.4	58.3204	2332.8149	340126.5936	729004.6656	2.81	33507.09	－20450.60
0.5	61.1746	2446.9821	374232.5737	764681.8923	0.00	0.00	0.00
0.6	64.3225	2572.8988	413738.0145	804030.8748	0.00	0.00	0.00
0.7	67.8119	2712.4774	459845.8515	847649.1863	0.00	0.00	0.00
0.8	71.7017	2868.0688	514113.6772	896271.5105	0.00	0.00	0.00
0.9	76.0649	3042.5963	578587.0339	950811.3590	0.00	0.00	0.00
1	80.9935	3239.7408	655995.0366	1012419.0065	0.00	0.00	0.00

3）固定补贴率与社会福利最大化机制下最优补贴率对订单粮食供应链各参与方的影响

根据上述给定的参数，当 $a=3$ 时，$\mu=5$，$\sigma^2=3$，接下来对比分析固定补贴率与社会福利最大化机制下最优补贴率对各参与方的影响，如表 6－8 所示。从表 6－8 第 1、2 列可看出，当决策目标为社会福利最大化时，随着 β 从 0.01 逐渐增大，s_1'' 的取值从开始等于 0，到处于 0 到 1 之间，再到 1，验证了定理 6－14。从表 6－8 可得，当 β 较小，即 $\beta<0.3$，政府的固定补贴率政策对种粮大户、粮食加工企业、保险公司、社会总福利都是有利的，但这种有利得益于大量的政府补贴，在表 6－8 中的表现就是 $\Delta G>0$；同时，消费者利益受到了损害。当 β 逐步递增时，即当 $\beta>0.3$ 时，政府的固定补贴率政策对种粮大户、粮食加工企业、消费者都不利，导致种粮大户与粮食加工企业的利润低于以社会福利最大化时的利润，同时可发现，随着 β 逐步递增，固定补贴率情形下种粮大户的利润比最优补贴率情形下减少得更多；虽然政府支出减少了，但社会福利并没有最大化，且随之减少；保险公司最先利润提高，到某个点后利润也随之降低。

表6－8 固定补贴率与社会福利最大化机制下最优补贴率对各参与方的影响

β	s_1''	s_1	$\Delta_2 E\pi_{f4}$	$\Delta_2 E\pi_{m4}$	$\Delta E\pi_{wef}$	ΔCS	ΔG	$\Delta E\pi_b$
0.01	0.000	0.5	311365.6866	264681.6631	217561.7276	－165370.9307	163466.9855	75706.1312
0.05	0.000	0.5	305251.4265	261228.7592	215069.3318	－159622.4353	160256.9989	74442.7219
0.15	0.000	0.5	290654.7269	252888.3127	209018.1492	－145880.9613	152593.7316	71414.5984
0.25	0.067	0.5	251557.1716	219276.0149	178190.3571	－143662.7234	132067.5151	66231.1323
0.35	0.533	0.5	－26918.8357	－21059.4040	－13880.9494	－243123.8735	－14132.3887	39188.8532
0.45	0.709	0.5	－193521.7771	－144906.8376	－84100.0262	－296654.6117	－101598.9330	22480.0076
0.55	1.000	0.5	－625102.3114	－419532.0645	－165828.9395	－462455.4657	－328178.7135	－18445.3652
0.65	1.000	0.5	－587186.5142	－402567.4773	－164514.4676	－431977.2917	－308272.9200	－16265.3626
0.75	1.000	0.5	－552304.0256	－386621.3214	－162946.6946	－403618.4247	－289959.6134	－14299.6755
0.85	1.000	0.5	－520154.9333	－371612.9511	－161172.5318	－377194.1757	－273081.3400	－12524.9254
0.95	1.000	0.5	－490474.4898	－357469.6139	－159231.6308	－352539.4856	－257499.1072	－10920.6303
1.00	1.000	0.5	－476485.7084	－350701.5277	－158209.3479	－340828.8978	－250154.9969	－10176.6940

6.4.4 产出随机风险对种粮大户和粮食加工企业的影响

（1）无政府支持情形下产出随机风险对种粮大户和粮食加工企业的影响

如图6－7、图6－8、图6－9、图6－10所示，当资金约束且不考虑最低收购价政策时，随着产出随机风险增大，种粮大户将缩减种植规模，粮食加工企业将降低收购价格，种粮大户和粮食加工企业的利润都将随产出随机风险增大而减少，验证了推论6－1与推论6－2。

从图6－7可看出，在融资过程中无政府支持时，供应链内部融资要求种粮大户给予粮食加工企业一定的价格折扣，所以，在产出随机风险较小的时候，供应链内部融资时粮食加工企业的利润较供应链外部融资时的利润大，但随着产出随机风险的进一步增大，供应链内部融资时粮食加工企业的利润较供应链外部融资时的利润小。同时，可直观看出，当粮食收购价过低时，国家启动最低收购价，无论是供应链内部融资还是外部融资的情形，都直接导致粮食加工企业的利润减小。

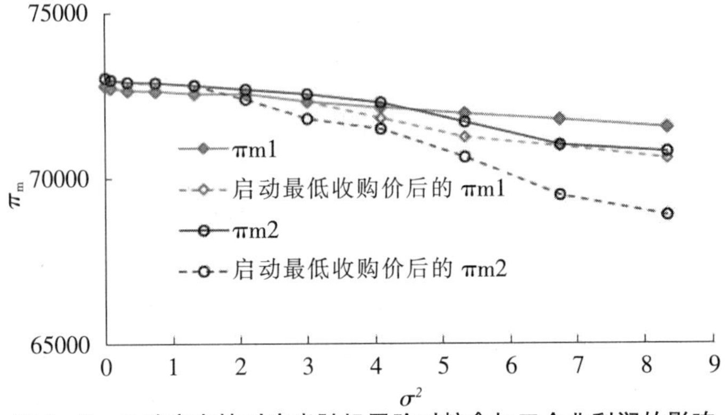

图 6-7　无政府支持时产出随机风险对粮食加工企业利润的影响

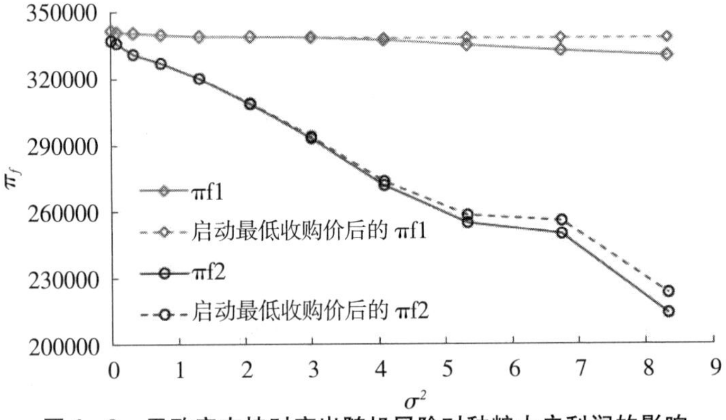

图 6-8　无政府支持时产出随机风险对种粮大户利润的影响

从图 6-8 可看出，在融资过程中无政府支持时，供应链内部融资要求种粮大户给予粮食加工企业一定的价格折扣，所以，供应链内部融资时种粮大户的利润较供应链外部融资时的利润要小，且随着产出随机风险增大，供应链内部融资时种粮大户的利润越来越小。同时，可直观看出，当粮食收购价过低时，国家启动最低收购价，无论是供应链内部融资还是外部融资的情形，都会直接增加种粮大户的利润，增加其收入。

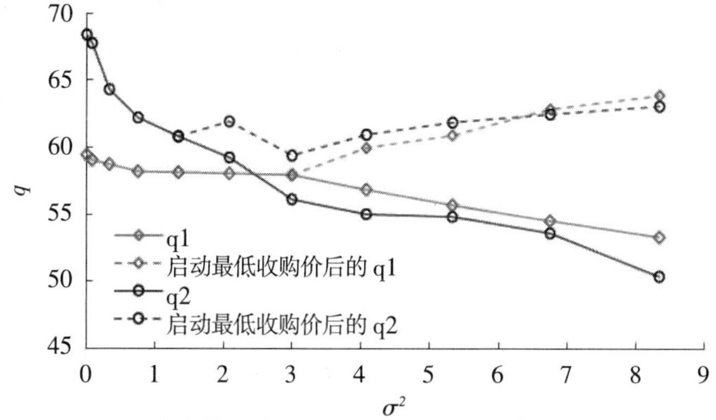

图 6 - 9 无政府支持时产出随机风险对种粮大户计划投入量的影响

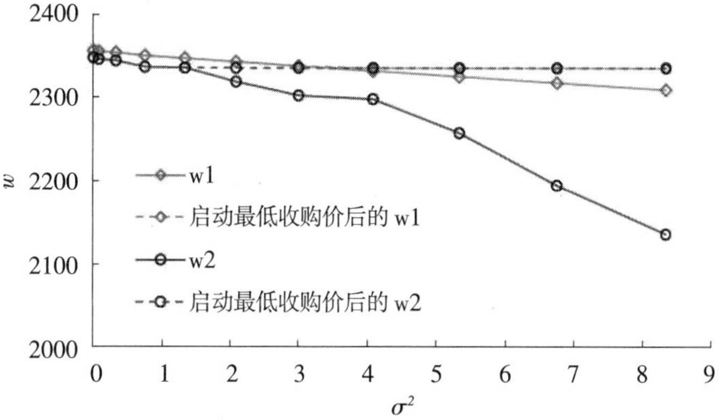

图 6 - 10 无政府支持时产出随机风险对粮食加工企业收购价的影响

从图 6 - 9 可看出，在融资过程中无政府支持时，供应链内部融资要求种粮大户给予粮食加工企业一定的价格折扣，价格折扣在数量规模较大时还是会使得给予折扣方获得相应的收益，所以，当产出随机风险较小时，供应链内部融资时种粮大户的计划投入量较供应链外部融资时的计划投入量大，但随着产出随机风险的进一步增大，种粮大户应对风险能力有限，供应链内部融资时种粮大户的计划投入量较供应链外部融资时的计划投入量小。同时，可直观看出，当粮食收购价过低时，国家启动最低收购价，无论是供应链内部融资还是外部融资的情形，都会使得种粮大户增大投入量，提高其种植积极性。

从图 6 - 10 可看出，在融资过程中无政府支持时，供应链内部融资要求种粮大户给予粮食加工企业一定的价格折扣，所以，供应链内部融资时粮食加工企业的收购价均低于供应链外部融资时的收购价，且随着产出随机风险增大，供应链内外部融资时粮食加工企业的收购价都将随之降低。同时，可直观看出，当粮食收购价过低时，国家启动最低收购价，无论是供应链内部融资还是外部融资的情形，都将会使得粮食加工企业的利润降低，这就要求粮食供应链在融资过程中，需要政府给予其激励。

（2）政府支持情形下产出随机风险对种粮大户和粮食加工企业的影响

如图 6－11、图 6－12、图 6－13 与图 6－14 所示，当资金约束且不考虑最低收购价政策时，仅银行参与和“政银保”共同参与的订单粮食供应链外部融资情形下，随着产出随机风险增大，种粮大户将缩减种植规模，粮食加工企业将降低收购价格，种粮大户和粮食加工企业的利润都将随产出随机风险增大而减少，进一步验证了推论 6－4 与推论 6－5。

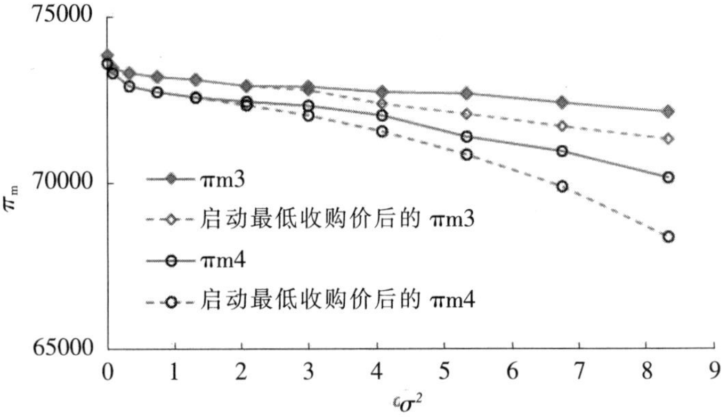

图 6－11　有政府支持的产出随机风险对粮食加工企业利润的影响

从图 6－11 可看出，在融资过程中有政府支持时，供应链内部融资中粮食加工企业给予种粮大户预付款供其备耕生产，随着产出随机风险增大，粮食加工企业面临的风险也越大，所以，供应链内部融资时粮食加工企业的利润较供应链外部融资时的利润低。同时，可直观看出，当粮食收购价过低时，国家启动最低收购价，无论是供应链内部融资还是外部融资的情形，都直接导致粮食加工企业的利润减小。

从图 6－12 可看出，在融资过程中有政府支持时，供应链内部融资是粮食加工企业为种粮大户提供预付款，而供应链外部融资是银行提供贷款，政府和保险公司提供支持与风险应对措施。供应链内部融资实际上是挤占供应链上下游成员的资金，而供应链外部融资是撬动了更多的社会资本投入粮食生产。所以，随着产出随机风险增大，供应链内部融资时种粮大户的利润较供应链外部融资时的利润要小。同时，可直观看出，当粮食收购价过低时，国家启动最低收购价，无论是供应链内部融资还是外部融资的情形，都会直接增加种粮大户的利润，增加其收入。

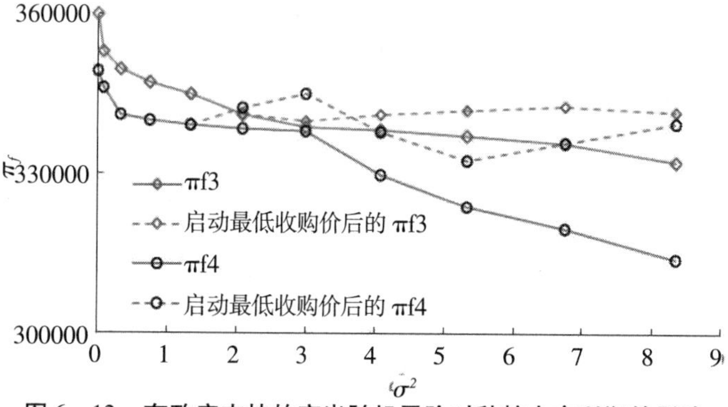

图 6－12　有政府支持的产出随机风险对种粮大户利润的影响

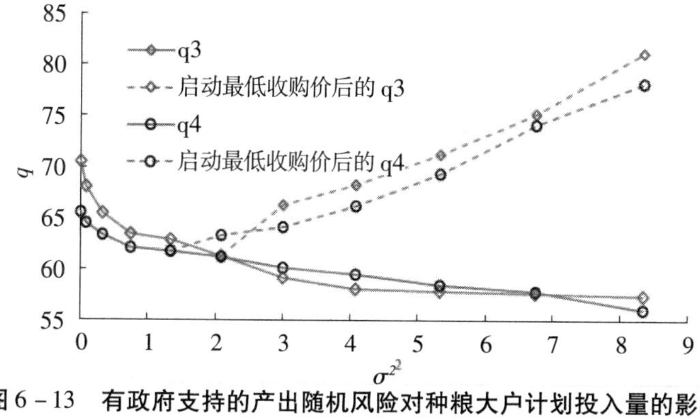

图 6－13　有政府支持的产出随机风险对种粮大户计划投入量的影响

从图 6－13 可看出，在融资过程中有政府支持时，供应链内部融资要求种粮大户给予粮食加工企业一定的价格折扣，价格折扣在数量规模较大时还是会使得给予折扣方获得相应的收益，所以，当产出随机风险较小时，供应链内部融资时种粮大户的计划投入量较供应链外部融资时的计划投入量大，但随着产出随机风险的进一步增大，种粮大户应对风险能力有限，供应链内部融资时种粮大户的计划投入量较供应链外部融资时的计划投入量小。同时，可直观看出，当粮食收购价过低时，国家启动最低收购价，无论是供应链内部融资还是外部融资的情形，都会使得种粮大户增大投入量，提高其种植积极性。

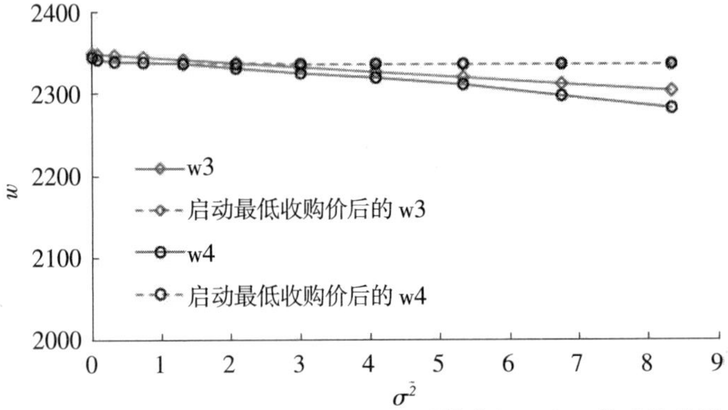

图 6－14　有政府支持的产出随机风险对粮食加工企业收购价的影响

从图 6－14 可看出，在不考虑粮食最低收购价时，随着产出风险增大，粮食收购价随之降低。在融资过程中有政府支持时，供应链内部融资时粮食加工企业期望的价格折扣由政府承担，所以，供应链内部融资时粮食加工企业的收购价均低于供应链外部融资时的收购价。对比图 6－14 与图 6－10，启动最低收购价政策后，明显可得融资过程中有政府支持时，粮食加工企业的收购价与最低收购价的价差较融资过程无政府支持的情形小，粮食加工企业在最低收购价启动后，减少的利润也将变小，这就激励了粮食加工企业为种粮大户提供融资。

供应链内部融资实际上是通过挤压供应链上下游资金来实现，这本质上是一种损害供应链上下游成员财务利益行为，这种行为并不是一种理性行为，不但会使得资金成本在供应链成员间转嫁，导致融资成本上升，还可能导致交货延迟或者延期支付，给供应链增加运营风险（胡飞跃等，2009），同时供应链内部融资使得供应链核心企业承担整个供应链的资金压力和信用风险，将使得供应链整体系统性风险增大（陈志新，2016），因此供应链内部融资在实际应用中存在较大风险，在实践中，应引入金融机构，以供应链外部融资为主，供应链内部融资为辅。事实上，供应链内部融资仅是一种局部资金优化，通过引入专业的金融机构，可系统全面解决供应链全链条成员的资金问题（陈志新，2016）。

6.5 本章小结

（1）在供应链融资中，给定相关参数后，种粮大户的最优投入量是唯一的，在不考虑最低收购价政策时，最优投入量随产出随机风险增大而减少，种粮大户的期望利润随产出随机风险增大而降低。当粮食收购价低于国家确定的最低收购价时，在启动最低收购价政策后，种粮大户的期望利润高于不启动最优收购价政策时的利润，说明最低收购价政策的实施，提高了种粮大户的收入，增加了种粮大户的福利，进而提高种粮大户的种粮积极性。且与融资过程中无政府支持的情形相比，政府支持情形下种粮大户的种粮积极性更强，说明政府支持对种粮大户的激励是有效的。

（2）在供应链融资中，给定相关参数后，粮食加工企业的最优收购价是唯一的，在不考虑最低收购价政策时，最优收购价随产出随机风险增大而降低，粮食加工企业的收益随产出随机风险增大而降低。在无政府支持的供应链融资中，当粮食收购价低于国家确定的最低收购价时，在启动最低收购价政策后，粮食加工企业的期望利润低于不启动最优收购价政策时的利润，这就迫切希望政府能为融资过程提供支持，为粮食加工企业提供激励使得最低收购价政策得以顺利实现。在政府支持的供应链融资中，当粮食收购价低于国家确定的最低收购价时，在启动最低收购价政策后，粮食加工企业的期望利润低于不启动最优收购价政策时的利润，但较无政府支持的情形下，启动最低收购价后粮食加工企业的期望利润有所提高，这说明政府的激励对粮食加工企业是有效的。

（3）在融资过程中无政府支持的订单粮食供应链内部融资中，参照以往文献处理采用预付款方式，要求融资方给予贷款方一定的价格折扣，但粮食具有准公共品属性，且农业生产易受自然条件影响，不确定性大，预付款中给予价格折扣必将加大种粮大户的压力，所以在粮食供应链内部融资中，也迫切需要政府支持，比如政府承担价格折扣、提供保险等。且在政府支持的供应链内部融资中，如果政府以社会福利最大化为目标，不应采取固定补贴率，补贴机制应如下：当粮食价格弹性系数小于某一数值时，政府不应提供补贴；当价格弹性系数介于一定数值之间，政府应提供部分补贴；当价格弹性系数大于某一数值时，政府应提供全额补贴。

（4）综合对比融资过程中有政府支持时种粮大户和粮食加工企业的利润都明显高于融资过程中无政府支持时种粮大户和粮食加工企业的利润，说明政府和保险公司的参与，提高了供应链成员的福利，进而提高种粮大户种粮积极性与粮食供应链的稳定性，从而保障国家粮食安全。

（5）供应链内部融资仅是一种局部资金优化，通过引入专业的金融服务提供商，可系统全面解决供应链上下游成员的资金问题。在种粮大户供应链融资的实践中，应引入金融服务提供商，以供应链外部融资为主，供应链内部融资为辅，撬动更多的社会资本投入农业，投入粮食产业，保障国家粮食安全。

第 7 章　基本结论与政策建议

7.1 基本结论

本书基于供应链视角，研究种粮大户融资问题。首先，分析种粮大户的融资现状及融资渠道，以湖南省作为调研区域，实证分析影响种粮大户融资渠道选择的因素，得到样本种粮大户更倾向于正规金融机构融资的结论。其次，分析造成种粮大户融资难题的原因，探究供应链融资缓解种粮大户融资难题的机理。再次，对种粮大户供应链融资意愿及其影响因素进行了实证分析，调研数据显示，近 80% 的种粮大户有供应链融资的意愿。接下来分析了种粮大户供应链融资的实现路径，种粮大户供应链融资与制造业中供应链融资不一样，根据农村金融理论与粮食的公共品属性，种粮大户供应链融资过程中，政府与保险等机构的参与必不可少。得到如下结论。

第一，造成种粮大户融资难题包括信息不对称、交易成本高、信用体系与担保体系不完善等三方面的原因。从供应链系统角度来看，供应链融资模式缓解种粮大户融资难题的原因如下：在传统融资模式下，种粮大户作为单一个体向金融机构提出贷款申请，但在供应链融资模式下，是将整个供应链作为一个系统，以核心企业的信用作为担保提出贷款申请，这就降低了交易成本，缓解了信息不对称，进而缓解种粮大户融资难题；从信贷配给角度来看，供应链融资模式使得种粮大户的有效需求增加，同时激励金融机构增加资金供给，进而缓解种粮大户融资难题。从信贷配给角度分析，供应链融资模式通过缓解信息不对称，种粮大户以整条供应链上核心企业的信用担保申请贷款降低了交易成本，完善了融资过程中的信用与担保体系，使得金融机构增加了资金供给，种粮大户的有效融资需求也因此增大，进而缓解种粮大户信贷配给问题。

第二，种粮大户是提供国家商品粮的主力军，但由于抵押物与担保服务缺乏，信用体系不健全，融资过程中存在“融资难、融资贵、融资慢”问题，选择正规金融机构融资是大多数种粮大户的融资选择。在其选择融资渠道时受交易成本的影响，谈判成本中，抵押物正向影响融资渠道的选择，但不显著，来回总时间负向影响融资渠道的选择但不显著，担保服务正向显著影响融资渠道的选择，抵押物正向影响融资渠道的选择，来回趟次负向显著影响融资渠道的选择，抵押物正向影响融资渠道的选择；执行成本中等待天数、交通费、请客送礼费、手续费等所有因素均负向显著影响融资渠道的选择；信息成本负向影响融资渠道的选择，但不显著。控制变量中，“是否有营业执照”显著正向影响融资渠道的选择。

第三，约84%的种粮大户愿意选择供应链融资模式。影响种粮大户供应链融资意愿的核心解释变量中，“是否了解粮食供应链”“所在粮食供应链是否稳定”“是否了解粮食供应链融资”“是否享受财政担保服务”“以往借贷还款情况”在不同显著水平上正向影响种粮大户选择供应链融资的意向，其他解释变量的影响不显著。对其他控制变量而言，“耕地流转面积”正向显著影响种粮大户供应链融资的意愿，“是否有社会关系”负向显著影响种粮大户供应链融资的意愿，其他控制变量的影响不显著。“年龄”与“教育程度”对种粮大户供应链融资意愿的影响是非线性的，“年龄”变量对种粮大户供应链融资意愿的影响呈倒“U”型，“教育程度”变量对种粮大户供应链融资意愿的影响呈“U”型。

第三，在融资过程中无政府支持的情形下，给定相关参数后，种粮大户的最优投入量和粮食加工企业的最优收购价都是唯一的；在不考虑最低收购价政策时，种粮大户的最优投入量随产出随机风险增大而减少，种粮大户的期望利润随产出随机风险增大而降低，粮食加工企业的最优收购价随产出随机风险增大而降低，粮食加工企业的收益随产出随机风险增大而降低；最低收购价政策的实施，提高了种粮大户的收入，增加了种粮大户的福利，进而提高种粮大户的种粮积极性。

第四，在融资过程中有政府支持的情形下，给定相关参数后，种粮大户的最优投入量和粮食加工企业的最优收购价都是唯一的；在不考虑最低收购价政策时，种粮大户的最优投入量随产出随机风险增大而减少，种粮大户的期望利润随产出随机风险增大而降低，粮食加工企业的最优收购价随产出随机风险增大而降低，粮食加工企业的收益随产出随机风险增大而降低；最低收购价政策的实施，提高了种粮大户的收入，增加了种粮大户的福利，进而提高种粮大户的种粮积极性，且与融资过程中无政府支持的情形相比，种粮大户的种粮积极性更强，说明政府支持对种粮大户的激励是有效的。当选择供应链内部融资时，如果政府以社会福利最大化为目标，不应采取固定补贴率，补贴机制应如下：当粮食价格弹性系数小于某一数值时，政府不应提供补贴；当价格弹性系数介于一定数值之间，政府应提供部分补贴；当价格弹性系数大于某一数值时，政府应提供全额补贴。

第五，供应链内部融资仅是一种局部资金优化，而供应链外部融资，即通过引入专业的金融服务提供商，可系统全面解决供应链上下游成员的资金问题。在种粮大户供应链融资的实践中，应引入金融服务提供商，以供应链外部融资为主，供应链内部融资为辅，撬动更多的社会资本投入农业，投入粮食产业，保障国家粮食安全。

7.2 政策建议

7.2.1 政府

（1）降低农村金融机构的存款准备金率与贷款基准利率

为降低种粮大户的融资成本，金融机构应降低贷款利率，但贷款利息收入是金融机构收入的重要组成部分，降低贷款利息将使得金融机构利润减少。为此中国人民银行应区分商业银行与农村金融机构，主动为农村金融机构提供优惠政策，降低其存款准备金率与贷款基准利率，使得农村金融机构同等条件下相对其他金融机构具有更多的可贷资金。但同时，中央和地方金融监管部门应加强对农村金融机构的监督与管理，促进其专注农村业务与本地业务，激发农村金融机构的内生动力。

（2）推动金融与保险（担保）同步助力种粮大户融资

由于农业相比其他行业受自然条件影响较大，同时市场风险也较大，信贷与保险（担保）是农村金融相辅相成的两个部分（谷慎等，2014），所以我国在制订农业信贷政策时应注重信贷保险（担保）政策衔接，注重防控农村金融风险。搭建新型农业经营主体融资平台，将金融机构、保险机构、担保机构、政府及融资主体都纳入其中，构建收益共享、成本分担机制，政府加大投入，促进金融机构、保险机构及担保机构将更多资本投入农业经营，投入粮食产业。借鉴国际经验，充分利用成本保险、收入保险等绿箱政策，防控农村金融风险，促进农业经营主体顺利融资。同时，国家层面要推动金融机构和相关省（市、区）政府促进粮食产业链、价值链和供应链融合发展，深化粮食产销区的对接，推动粮油产供销一体化发展（宫超，2021）。

（3）完善农业担保体系

政府应推动农业担保体系建设，做大政策性农业担保规模。调研中发现种粮大户的担保人中亲朋好友比例高达 87.65%，农业政策性担保仅为 4.35%，政策性担保规模和覆盖面太小，绝大部分种粮大户享受不到，而种粮大户的抵押物少，通过享受政策性农业担保服务才能最终解决其融资难问题。政府应推动建立省、市、县三级政策性担保体系，做大政策性担保规模，同时应加大政策性担保宣传力度，让更多的种粮大户能享受到政策性担保服务。

（4）充分发挥政策性银行的作用

政府应充分发挥政策性银行的作用。中国农业发展银行是中国唯一的农业政策性银行，其主要任务是以国家信用为基础，以市场为依托，筹集支农资金，支持“三农”事业发展①。应充分发挥中国农业发展银行的政策性作用，做到“两控一补”，即控制粮食贷款的最低比例，控制粮食贷款的最高利率，同时要对粮食贷款进行贴息补贴，对粮食保险给予一定的补贴。

---

① 来源于中国农业发展银行官网介绍。

（5）大力培育农业龙头企业

由于农业具有弱质性，农业主体独自面对市场风险、自然风险的承受能力较弱，为应对各种风险，应促进农业供应链与产业链一体化发展。具体来说，政府应大力培育农业龙头企业，扶持中小农业经营主体，促进农业供应链金融发展，积极引导保险、担保机构、金融机构共同参与促进农业发展，利用有限的财政资金撬动更多的社会资本投身农业，投身粮食产业，保障国家粮食安全。

（6）加大财政投入

种粮大户倾向于正规金融机构融资，政府应探索切实可行的有力举措，保护种粮大户粮食生产积极性。探索贷款贴息补贴，鼓励正规金融机构、供应链上下游企业等社会资本投入。并在《WTO 农业协定》允许的范围内不断加大对农业投入，完善农业基础设施。同时可探索以奖代补的政策，提高金融机构与种粮大户的积极性。

7.2.2 金融机构

（1）创新信贷模式

金融机构要大力创新信贷模式，助力解决种粮大户融资难题。由于种粮大户缺乏抵押物，金融机构应在探索农地经营权抵押贷款、农机具、农业设施设备抵押贷款的同时，创新运用供应链金融模式，推广订单融资、仓单质押等供应链金融产品。金融仓储是金融机构与供应链上的仓储企业协同合作产生的金融创新，以仓储物资或仓单等担保品为依托，针对仓储运营过程中的客户尤其是中小企业提供融资及配套结算、保险等服务（宫超，2021）①。同时，金融机构要创新现代农业金融服务，构建大宗农产品仓储体系，加大物流设施和物流体系建设，为粮食收储企业搭建金融仓储合作平台（宫超，2021）。同时积极探索订单融资模式，加快推行“政银保”共同参与的订单融资方式，一方面政府给银行补贴部分贷款利息，另一方面通过引入保险公司并购置相关保证保险应对粮食产出随机风险，增强粮食供应链抗风险能

① 宫超．稳步推进供应链金融助农服务［N］．吉林日报，2021－11－03（007）。

力，降低粮食供应链中断风险，提高粮食生产者种粮积极性，进而保障国家粮食安全。

（2）降低种粮大户融资过程中的交易成本

依托地方征信平台，推动种粮大户信用体系建设。正规金融机构应简化贷款流程，加强金融知识宣传与普及，缩短审批期限，提高放贷效率。金融监管部门应加强监管，推动借贷过程公开透明化，降低融资过程中人情开支。金融机构应降低手续费，搭建线上线下相结合的融资平台。同时，应加强与保险、担保机构的沟通与协调，借助大数据、云计算、5G 技术等手段，搭建高效数字化融资平台，缩短审批到放贷的等待时间，解决“融资慢”问题。

（3）充分利用供应链金融服务粮食产业

金融机构要加强与粮食供应链核心企业的沟通与协作，支持供应链上下游企业利用核心企业的信用来融资，降低融资过程的交易成本，进而降低供应链上下游企业的融资成本（白伟东，2019）。同时通过与供应链核心企业合作，加强风险防控，建立基于真实贸易行为，将商流、物流、资金流、信息流集于一体的风险评估体系，进而增加金融供给。积极探索并开展粮食供应链金融业务，开发粮食供应链融资产品，鼓励粮食企业、种粮大户利用应收账款、仓单和存货质押和预付款融资。根据商务部等 8 部门联合印发的《关于进一步做好供应链创新与应用试点工作的通知》，鼓励有条件的银行业金融机构应用金融科技，加强与供应链核心企业、政府部门相关系统对接，提高供应链网络之间的信息透明度，将供应链作为整体为整个供应链上下游企业提供优质金融服务。

（4）积极探索订单粮食供应链融资模式

供应链融资是为中小企业量身定做的一种新型融资模式，目前在制造业领域应用广泛，主要有以核心企业为主导、以第三方供应链服务商为主导及以互联网平台为主导等 3 种模式，一方面将有效解决中小企业“融资难、融资贵、融资慢”问题，另一方面由于供应链融资是将金融嵌入供应链网络，供应链融资运行过程中对于信息不对称、道德风险等问题的解决优于传统银行信贷，因此推行订单粮食供应链金融将有效降低交易成本。调研中发现供应链融资在粮食产业中也有部分运用，比例较少，但可看出供应链融资利息支出较少，因此探索发展粮食行业供应链融资将助力解决种粮大户“融资难”与“融资贵”问题。2017 年，供应链创新与应用已上升为国家战略，供应链金融是投融资创新的一种类型，粮食产业应充分发挥供应链金融的积极作用。但供应链金融在引入订单粮食产业中，道德风险和产出随机风险不容忽视，一是应建立对种粮大户的监管和奖惩机制，二是应引入保险机制对冲产出随机风险。最后，加快推行“政银保”共同参与的融资方式，以较少的财政资金撬动更多的社会资本投入粮食产业中，借鉴佛山市三水区“政银保”模式，在全国各地因地制宜推广并创新“政银保”融资模式。一方面政府给银行补贴部分贷款利息，另一方面通过引入保险公司并购置相关保证保险应对粮食产出随机风险，增强粮食供应链抗风险能力，降低粮食供应链中断风险，提高粮食生产者种粮积极性，进而保障国家粮食安全。

7.2.3 种粮大户

（1）积极认定种粮大户社会主体身份

种粮大户社会市场身份的确认，有助于规范种粮大户的经营行为，有助于保障其经营权益，推动种粮大户信用体系建设，并享受国家相关优惠政策，进而有助于种粮大户获得正规金融机构贷款。种粮大户在确认社会主体身份后要注重自身经营管理能力的提升，适时启动品牌认证工作，提高知名度与美誉度，加强与供应链上下游成员的联系与沟通。农业经营也需要企业家精神（樊明等，2011），这说明种粮大户主体身份将有助于激发市场主体活力，弘扬企业家精神，推动种粮大户在保障国家粮食安全中发挥更大作用。种粮大户在确认主体身份后应规范财务管理，积极联系供应链上的核心企业，提高财务可信度与透明度，同时要加强经营管理，主动参与新型农业经营主体信用体系建设与信用评价工作。此外，部分大规模的示范性种粮大户可争取政府、金融等相关方支持，在新三板上市，进入资本市场融资。

（2）积极融入产业链与供应链发展，发挥订单农业的积极作用

种粮大户在规模化发展过程中应提高组织化程度，积极融入粮食产业链与供应链发展。粮食加工企业通过对消费者需求的前期调研确定满足市场需

求的粮食品种作为种粮大户订单种植的作物，满足市场需求的粮食作物收获加工上市后，更易被消费者接受，进而打通粮食“产供销一体化”链条，所以种粮大户应积极融入产业链与供应链发展，发挥订单农业的作用。同时，要主动对接粮食产后加工与深加工业务，尤其是具有高附加值的深加工业务，在整条粮食供应链收益提高的基础上增加收益。订单粮食供应链的引入和推广，一方面将推动粮食产业供给侧结构性改革，另一方面将大大降低流通成本和交易成本，助推粮食尽快实现从产品到商品的转变，促进供应链上资金流顺畅流动，同时也将增强供应链的稳定性。

7.3 研究展望

本书基于已有研究，分析了种粮大户供应链融资问题，但由于作者研究水平和相关调研资料的限制，部分研究仅处于初步探索阶段，部分问题有待深入研究：一是在以后的研究中，可加入国内其他 12 个粮食主产区的种粮大户调研数据，探讨影响种粮大户融资渠道及其供应链融资意愿的影响因素的异同。二是供应链融资有许多可行的方式，本书仅探究了供应链外部融资中的“政银保”共同参与的情形和供应链内部融资中的预付款融资的情形，以后的研究可进一步分析“政银保担”共同参与的情形与供应链贸易信用合同等情形。三是本书尚未探究供应链成员的激励机制设计，未来的研究中可探究订单粮食供应链融资中收益共享、成本分担、信息共享等激励机制的设计。四是本书探讨由政府支持情形下供应链外部融资与内部融资时，仅考虑了供应链内部融资时政府的最优补贴决策，以后的研究可探讨供应链外部融资时政府的最优补贴决策。五是未来的研究可充分利用大数据、数字化、云计算、区块链、物联网等信息化手段与技术，将其纳入供应链融资系统中，充分发挥信息技术的作用。六是本书仅对样本种粮大户进行调查，下一步的研究可丰富调研范围，收集金融机构、粮食加工企业、政府等融资利益相关方的数据。七是供应链融资涉及的利益相关方较多，未来的研究可探索借助金融科技工具，如何降低道德风险，并对融资全程进行监管。

参考文献

[1] Adeshina K F, Tomiwa O Y, Eniola O M. Agricultural Financing and Economic Performance in Nigeria[J]. Asian Journal of Agricultural Extension, Economics & Sociology, 2020: 61 –74.

[2] Alao T B, Bamire A S, Kehinde A D. Gender analysis of agricultural financing in cocoa – based farming system in Oyo and Osun States of South Western Nigeria[J]. Ghana Journal of Agricultural Science, 2020, 55(1): 34 –42.

[3] Alonso E B, Cockx L, Swinnen J. Culture and food security[J]. Global food security, 2018, 17: 113 –127.

[4] Andrew Coleman, Laura Malaguzzi Valeri. Storage and warehouse receipts as financing instruments[EB/OL]. (2007 –05 –21).

[5] Audsley E, Pearn K R, Simota C, et al. What can scenario modelling tell us about future European scale agricultural land use, and what not? [J]. Environmental science & policy, 2006, 9(2): 148 –162.

[6] Baltensperger E. Credit rationing: issues and questions[J]. Journal of Money, Credit and Banking, 1978, 10(2): 170 –183.

[7] Barrett C B. Food security and food assistance programs[J]. Handbook of agricultural economics, 2002, 2: 2103 –2190.

[8] Bellemare M F. Contract farming: opportunity cost and trade – offs [J]. Agricultural Economics, 2018, 49(3): 279 –288.

[9] Bellemare M F, Bloem J R. Does contract farming improve welfare? A

review[J]. World Development, 2018, 112: 259 -271.

[10] Bester H. The role of collateral in credit markets with imperfect information[J]. European Economic Review, 1987, 31(4): 887 -899.

[11] Breckwoldt . T. Management of Grain Storage in Old Babylonian Larsa [J]. Archiv fur, 1995(5)42 -64.

[12] Cabral L, Shankland A, Favareto A, et al. Brazil - Africa agricultural cooperation encounters: Drivers, narratives and imaginaries of Africa and development[J]. IDS Bulletin, 2013, 44(4): 53 -68.

[13] Chod, J. Inventory, risk shifting, and trade credit[J]. Management Science, 2016,63(10), 3207 -3225.

[14] Chunrong Y, Ruyu Y. Application of financial technology in the risk management in agricultural supply chain finance[J]. Academic Journal of Business & Management, 2020, 2(6), 7 -12.

[15] Daloĝlu I, Nassauer J I, Riolo R L, et al. Development of a farmer typology of agricultural conservation behavior in the American Corn Belt[J]. Agricultural Systems, 2014, 129: 93 -102.

[16] Deng S, Gu C, Cai G, et al. Financing Multiple Heterogeneous Suppliers in Assembly Systems: Buyer Finance vs. Bank Finance[J]. Manufacturing & Service Operations Management, 2018, 20(1): 53 -69.

[17] Dias C, Franco M. Cooperation in tradition or tradition in cooperation? Networks of agricultural entrepreneurs[J]. Land use policy, 2018, 71:36 -48.

[18] Dong L, Rudi N. Who benefits from transshipment? Exogenous vs. endogenous wholesale prices[J]. Management Science, 2004, 50(5):645 -657.

[19] Eaton C, Shepherd A. Contract farming: partnerships for growth [M]. Food & Agriculture Org. , 2001.

[20] Federgruen A, Lall U, imek A S. Supply chain analysis of contract farming[J]. Manufacturing & Service Operations Management, 2019, 21(2): 361 -378.

[21] Garrido S. Why did most cooperatives fail? Spanish agricultural cooper-

ation in the early twentieth century[J]. Rural History, 2007, 18(2): 183 -200.

[22] Gelsomino L M, Mangiaracina R, Perego A, et al. Supply chain finance: a literature review[J]. International Journal of Physical Distribution & Logistics Management, 2016, 46(4):348 -366.

[23] Glauber J W. The Growth of the Federal Crop Insurance Program, 1990—2011[J]. American Journal of Agricultural Economics, 2013, 95(2): 482 -488.

[24] Godfray H C J, Beddington J R, Crute I R, et al. Food security: the challenge of feeding 9 billion people[J]. science, 2010, 327(5967):812 -818.

[25] Gong W, Parton K, Cox R J, et al. Transaction costs and cattle farmers' choice of marketing channels in China: A Tobit analysis[J]. Management Research News, 2007, 30(1):47 -56.

[26] Hartarska V M, Mai C. Financing constraints and the family farm: how do families react? [R]. 2008.

[27] Hare D. The origins and influence of land property rights in Vietnam [J]. Development Policy Review, 2008, 26(3): 339 -363.

[28] Hellmann T, Murdock K, Stiglitz J. Financial restraint: toward a new paradigm[J]. The role of government in East Asian economic development: Comparative institutional analysis, 1997: 163 -207.

[29] Hodgman D R. Credit risk and credit rationing[J]. The Quarterly Journal of Economics, 1960, 74(2): 258 -278.

[30] Hoppe R A, Banker D. Structure and finances of US farms: 2005 family farm report[J]. USDA -ERS Economic Information Bulletin, 2006 (12).

[31] Inhwan J. Determinates of Agricultural Protection in Industrial Countries: An Empirical Investigation[J]. Econ. Bull, 2008, 17: 1 -11.

[32] Jaffee D M, Modigliani F. A theory and test of credit rationing [J]. The American Economic Review, 1969, 59(5): 850 -872.

[33] Jaffee D M, Russell T. Imperfect information, uncertainty, and credit rationing[J]. The Quarterly Journal of Economics, 1976, 90(4):651 -666.

[34] Jia F, Blome C, Sun H, et al. Towards an integrated conceptual framework of supply chain finance: An information processing perspective[J]. International Journal of Production Economics, 2020, 219: 18 -30.

[35] Jing B, Seidmann A. Finance sourcing in a supply chain[J]. Decision Support Systems, 2014, 58: 15 -20.

[36] Klavon K H, Lansing S A, Mulbry W, et al. Economic analysis of small - scale agricultural digesters in the United States[J]. biomass and bioenergy, 2013, 54: 36 -45.

[37] Knisel W G. CREAMS: A field scale model for chemicals, runoff, and erosion from agricultural management systems[M]. Department of Agriculture, Science and Education Administration, 1980.

[38] Kołoszko - Chomentowska Z. Selected effects of financing of agricultural holdings in new member states of the European Union [J]. Finansowy Kwartalnik Internetowy e - Finanse, 2014, 10(3): 65 -72.

[39] Kouvelis P, Zhao W. Financing the newsvendor: supplier vs. bank, and the structure of optimal trade credit contracts [J]. Operations Research, 2012, 60(3): 566 -580.

[40] Kouvelis P, Zhao W . Who Should Finance the Supply Chain? Impact of Credit Ratings on Supply Chain Decisions[J]. Manufacturing & Service Operations Management, 2017, 20(1)1 -17.

[41] Kouvelis P, Zhao W. Who should finance the supply chain? Impact of credit ratings on supply chain decisions[J]. Manufacturing & Service Operations Management, 2018, 20(1): 19 -35.

[42] Kunkel P A, Peterson J A. Farm Legal Series: Financing the Farm Operation, 2020[J]. 2020.

[43] Lang T, Barling D. Food security and food sustainability: reformulating the debate[J]. The Geographical Journal, 2012, 178(4):313 -326.

[44] Leng B, Huang Y, Shen F. The Development of Agricultural Supply Chain Finance in Jinan[C]//2016 International Conference on Civil, Transporta-

tion and Environment. Atlantis Press, 2016: 1279 – 1283.

[45] Lestari T. Analysis Of Islamic Bank Influence On Agricultural Financing Sector Period 2014 – 2016[J]. Journal of Islamic Economic Laws, 2019, 2(1): 88 – 119.

[46] Lin Q, He J. Supply chain contract design considering the supplier's asset structure and capital constraints[J]. Computers & Industrial Engineering, 2019, 137: 106044.

[47] Liu X, Du Y, Sun J, et al. Performance of China's rural supply chain finance: from the perspective of maximization of intermediate output[J]. Industrial Management & Data Systems, 2020,121(4), 705 – 723.

[48] Luh Y H. Inclusiveness of contract farming along the modern food supply chain: Empirical evidence from taiwan[J]. Agriculture, 2020, 10(5): 187.

[49] Luo, Y., Wei, Q., Ling, Q., & Huo, B.. Optimal decision in a green supply chain: Bank financing or supplier financing[J]. Journal of Cleaner Production, 2020,271,122090.

[50] Luo, Y. ,Deng T, Wei Q, et al. Optimal Financing Decision in a Contract Food Supply Chain with Capital Constraint[J]. Complexity, 2021, 2021.

[51] Maxwell S. Food security: a post – modern perspective[J]. Food policy, 1996, 21(2): 155 – 170.

[52] Menkhoff L, Neuberger D, Rungruxsirivorn O. Collateral and its substitutes in emerging markets' lending[J]. Journal of Banking & Finance, 2012, 36(3): 817 – 834.

[53] Mishchuk S N. Russian – Chinese Agricultural Cooperation in the Russian Far East[J]. Regional Research of Russia, 2016, 6(1): 59 – 69.

[54] Nguyen H K, Chiong R, Chica Serrano M, et al. Contract farming in the Mekong delta's rice supply chain: Insights from an agent – based modeling study[J]. 2019, 22(3):1 – 21.

[55] Nikolaeva E. Efficiency analysis of agricultural cooperation in Russia[J]. Procedia – Social and Behavioral Sciences, 2018, 238: 364 – 373.

[56] Niu B, Jin D, Pu X. Coordination of channel members' efforts and utilities in contract farming operations[J]. European Journal of Operational Research, 2016, 255(3): 869 -883.

[57] Nolte K. Large - scale agricultural investments under poor land governance in Zambia[J]. Land use policy, 2014, 38: 698 -706.

[58] Nwankwo O. Agricultural financing in Nigeria: An empirical study of Nigerian agricultural co - operative and rural development bank (NACRDB): 1990 -2010[J]. Journal of Management research, 2013, 5(2): 28 -44.

[59] Ocasio V M. Financing village enterprises in rural Bangladesh: What determines non - farm revenue growth? [J]. International Journal of Development Issues, 2016.

[60] Ollerton J, Erenler H, Edwards M, et al. Extinctions of aculeate pollinators in Britain and the role of large - scale agricultural changes[J]. Science, 2014, 346(6215): 1360 -1362.

[61] Onyiriuba L, Okoro E U O, Ibe G I. Strategic government policies on agricultural financing in African emerging markets[J]. Agricultural Finance Review, 2020.

[62] Osabuohien E S. Large - scale agricultural land investments and local institutions in Africa: The Nigerian case[J]. Land Use Policy, 2014, 39: 155 -165.

[63] Özer Ö, Wei W. Strategic commitments for an optimal capacity decision under asymmetric forecast information[J]. Management science, 2006, 52(8): 1238 -1257.

[64] Peng H, Pang T. Optimal strategies for a three - level contract - farming supply chain with subsidy[J]. International Journal of Production Economics, 2019,216: 274 -286.

[65] Prosekov A Y, Ivanova S A. Food security: The challenge of the present[J]. Geoforum, 2018, 91: 73 -77.

[66] Rosegrant M W, Cline S A. Global food security: challenges and poli-

cies[J]. Science, 2003, 302(5652): 1917 - 1919.

[67] Ross S. The Economic Theory of Ageney: The Principal's Problem[J]. American Economic Review, 1973, 63:134 - 139.

[68] Sakovska O. Agricultural cooperation: experience of foreign countries for Ukraine[J]. Baltic Journal of Economic Studies, 2020, 6(1): 118 - 124.

[69] Sappington, David, E, et al. Incentives in Principal - Agent Relationships[J]. Journal of Economic Perspectives, 1991(5):45 - 66.

[70] Schmidhuber J, Tubiello F N. Global food security under climate change[J]. Proceedings of the National Academy of Sciences, 2007, 104(50): 19703 - 19708.

[71] Sharpe S A. Credit rationing, concessionary lending, and debt maturity [J]. Journal of Banking & Finance, 1991, 15(3): 581 - 604.

[72] Shi L, Pang T, Peng H. Optimal strategies of contract - farming supply chain under the cooperative mode of bank - insurance: loan guarantee insurance versus yield insurance[J]. International Transactions in Operational Research, 2021.

[73] Smith V H, Glauber J W. Agricultural insurance in developed countries: where have we been and where are we going? [J]. Applied Economic Perspectives and Policy, 2012, 34(3): 363 - 390.

[74] Stiglitz J E, Weiss A. Credit rationing in markets with imperfect information[J]. The American economic review, 1981, 71(3): 393 - 410.

[75] Swinnen J F M. A positive theory of agricultural protection[J]. American Journal of Agricultural Economics, 1994, 76(1): 1 - 14.

[76] Tallón - Ballesteros A J. Supply Chain Finance for Targeted Poverty Alleviation: A Case Study of Suning[J]. ModernManagement based on Big Data I: Proceedings of MMBD 2020, 2020, 329: 132.

[77] Tunca T I, Zhu W. Buyer Intermediation in Supplier Finance[J]. Management Science, 2018, 64(12): 5631 - 5650.

[78] van Bergen M, Steeman M, Reindorp M, et al. Supply chain finance

schemes in the procurement of agricultural products[J]. Journal of Purchasing and Supply Management, 2019, 25(2): 172 -184.

[79] Varga J, Sipiczki Z. The financing of the agricultural enterprises in Hungary between 2008 and 2011[J]. Procedia Economics and Finance, 2015, 30: 923 -931.

[80] Wang T R, Lan Q G, Chu Y Z, et al. Supply Chain Financing Model: Based on China's Agricultural Products Supply Chain[J]. International Conference on Systems Engineering, 2013,380 -384: 4417 -4421.

[81] Williamson S D. Costly monitoring, financial intermediation, and equilibrium credit rationing[J]. Journal of Monetary Economics, 1986, 18(2): 159 -179.

[82] Williamson, S. D. Costly Monitoring, Loan Contracts, and Equilibrium Credit Rationing[J]. The Quarterly Journal of Economics, 1987, 102(1), 135 -146.

[83] Williamson, Oliver E., 1975, Markets and hierarchies: Analysis and antitrust implications (Free Press, New York).

[84] Williamson O E. Transaction - cost economics: the governance of contractual relations[J]. The Journal of Law and Economics, 1979, 22(2): 233 -261.

[85] Willianmoson, O. E.: Economic Oeganization:Firms,Markets and Policy Control, New York University Press,1986.

[86] Wu Y, Li X, Liu Q, et al. The Analysis of Credit Risks in Agricultural Supply Chain Finance Assessment Model Based on Genetic Algorithm and Backpropagation Neural Network[J]. Computational Economics, 2021: 1 -24.

[87] Xu X, Chen X, Jia F, et al. Supply chain finance: A systematic literature review and bibliometric analysis[J]. International Journal of Production Economics, 2018, 204: 160 -173.

[88] Ye F, Lin Q, Li Y. Coordination for contract farming supply chain with stochastic yield and demand under CVaR criterion[J]. Operational Research,

2020, 20(1): 369 - 397.

[89] Yu D, Sheng L. Exploring the knowledge development trajectories of the supply chain finance domain: a main path analysis[J]. The International Journal of Logistics Management, 2021, ahead - of - print(ahead - of - print).

[90] Yu X, Zhang W G, Liu Y J. Coordination mechanism for contract farming supply chain with government option premium subsidies[J]. Asia - Pacific Journal of Operational Research, 2019, 36(05): 1950025.

[91] Yuan Z, Lian D, Zhang G. Risk Assessment of Agricultural Products Supply - Chain Finance Based on D - S Theory[J]. American Journal of Computational Mathematics, 2014, 4(4):366 - 375.

[92] Zafar M A, Khan K, Roberts K W, et al. Local agricultural financing and Islamic banks: is Qard - al - Hassan a possible solution? [J]. Journal of Islamic Accounting and Business Research, 2015.

[93] Zhang D. The Innovation Research of Contract Farming Financing Mode under the Block Chain Technology[J]. Journal of Cleaner Production, 2020, 270: 122194.

[94] Zhang Y, Duan L, Zhang G. Risk Assessment of Agricultural Products Supply - Chain Finance Based on DS Theory[J]. American Journal of Computational Mathematics, 2014, 4(04): 366 - 375.

[95]白伟东．供应链金融对小微企业融资约束的缓解效应研究——基于Logit模型的实证分析[J]．西部金融,2019(01):29 - 36.

[96]白洋,胡锋．论我国农地融资担保的制度实现[J]．学术交流,2021(05):54 - 63 + 192.

[97]卞靖,陈曦．新时代粮食安全保障需提升三重能力——基于对粮食“三重属性”的分析[J]．宏观经济管理,2020(12):17 - 23 + 30.

[98]卞进,郭建鸾．美国的农业信贷制度及其启示[J]．上海经济研究,2015(12):52 - 60 + 70.

[99]鲍曙光,杜志雄,冯兴元．“十四五”时期农业农村现代化投融资形势与财金协同机制建设[J]．学术界,2021(05):24 - 34.

[100] 柴正猛,黄轩. 供应链金融风险管理研究综述[J]. 管理现代化,2020,40(02):109-115.

[101] 常玉栋. 农业供应链金融的创新机制[J]. 社会科学家,2019(08):42-47.

[102] 陈建伟. 新型职业农民身份对农业经营收入的影响:基于倾向值匹配方法的分析[J]. 东岳论丛,2019,40(11):162-173.

[103] 陈洁,罗丹. 种粮大户:一支农业现代化建设的重要力量[J]. 求是,2012(03):32-34.

[104] 陈洁. 加快培育新型种粮主体[J]. 中国党政干部论坛,2012(03):24-26.

[105] 陈强. 高级计量经济学及Stata应用(第二版)[M]. 北京:高等教育出版社,2014.

[106] 陈祥峰. 供应链金融服务创新论上海:复旦大学出版社,2008.

[107] 陈晓红,陈建中. 中小企业供应链融资[M]. 北京:经济科学出版社,2008.

[108] 陈运雄,卜艺佳. 基于湖南7市13县调研的农业适度规模经营研究[J]. 湖南社会科学,2019(01):95-103.

[109] 陈志新. 供应链融资与农户信贷[M]. 浙江:浙江大学出版社,2016.

[110] 陈卓,续竞秦,吴伟光. 农村居民主观幸福感影响分析——来自浙江省4县(市)的证据[J]. 农业技术经济, 2016 (10): 38-48.

[111] 曹宝明,王金秋,李光泗,尚卫平. 粮食供求紧平衡的一般分析及其测度指标体系的构建[J]. 南京财经大学学报, 2007(05): 23-25+66.

[112] 曹明宏,周瑜,张焱坤. 农户生产性融资难的应对策略探析[J]. 学习与实践,2019(06):19-23.

[113] 曹协和. 农村金融理论发展主要阶段评述[J]. 财经科学,2008(11):27-35.

[114] 崔光华. 农业政策性金融国际比较及启示[J]. 国际经济合作,2008(10):84-90.

[115] 崔宁波,王欣媛. 新时代粮食安全:挑战、内涵及对策建议[J]. 农业经济与管理,2020(03):5－15.

[116] 戴琳,于丽红,兰庆高,王晓庆. 农地抵押贷款缓解种粮大户正规信贷约束了吗——基于辽宁省434户种粮大户的实证分析[J]. 农业技术经济,2020(03):20－31.

[117] 代文建. 借鉴日本农协金融经验推动我国农村信用社改革[J]. 财经理论研究, 2014(06):52－57.

[118] 丁声俊. 粮食属性、粮价形成与粮食安全[J]. 发展改革理论与实践, 2011(5):29－33.

[119] 杜志雄,韩磊. 供给侧生产端变化对中国粮食安全的影响研究[J]. 中国农村经济,2020(04):2－14.

[120] 段伟常,胡挺. 供应链金融在现代农业中的应用原理研究[J]. 金融理论与实践,2012(01):23－27.

[121] 段伟常. 区块链供应链金融[M]. 北京:电子工业出版社,2018.

[122] 樊明等. 种粮行为与粮食政策[M]. 北京:社会科学文献出版社

[123] 冯春,周雪梅,倪舒晨. 以扶贫为导向的企业与农户部分保证价契约研究[J]. 工业工程与管理,2021,26(02):32－39.

[124] 冯亮,彭洁. 农村社会发展国际比较与中国借鉴[J]. 河南社会科学,2018,26(02):14－20.

[125] 高小刚,谷昔伟."三权分置"中农地经营权融资担保功能之实现路径——基于新修订《农村土地承包法》的分析[J]. 苏州大学学报(哲学社会科学版),2019,40(04):72－82.

[126] 苟延杰. 产业互联网视角下农业供应链金融模式创新研究[J]. 四川轻化工大学学报(社会科学版),2020,35(02):33－52.

[127] 顾海峰,韩攀. 商业银行银企信贷配给的生成机理及治理路径研究——基于供应链金融的理论视角[J]. 金融理论与实践,2012(09):1－5.

[128] 古宁,苏征兵. 佛山首试"政银保"农贷[N]中国县域经济报,2009－7－23.

[129] 顾庆康,林乐芬. 不同农地抵押贷款机制下农户信贷配给分析

[J]. 农业经济问题,2021(07):67-77.

[130] 谷慎,岑磊,马翰墨. 国外农村金融机构体系的考察与经验借鉴——兼论我国西部农村金融机构体系的设计[J]. 农村经济,2014(07):125-129.

[131] 关付新. 粮食属性及其衍生机理——基于系统和历史的二维视角[J]. 河南社会科学,2017,25(11):45-50.

[132] 郭金森,周永务,嵇凯. 带有资金约束的风险厌恶零售商的双渠道供应链运作策略[J]. 运筹与管理,2017,026(004):28-36.

[133] 郭金森,周永务. 制造商生产规模不经济的双渠道供应链融资策略研究[J]. 商业研究,2018(05):142-151.

[134] 郭娜,王文利. 收购价不确定下订单农业供应链融资方式选择——外部融资 VS 内部融资[J]. 运筹与管理,2020,29(12):188-196+230.

[135] 贺群,周宏,马媛媛. 农户参与农业供应链内部融资的影响因素研究——基于江苏省阜宁县生猪供应链农户的调查[J]. 南京农业大学学报(社会科学版),2013,13(06):49-56.

[136] 何正文,刘人境,徐渝. 基于现金流均衡目标的多模式项目调度问题研究[J]. 管理工程学报, 2011, 25(2): 124-130.

[137]胡国晖,郑萌. 农业供应链金融的运作模式及收益分配探讨[J]. 农村经济,2013(05):45-49.

[139]胡跃飞,黄少卿. 供应链金融:背景、创新与概念界定[J]. 金融研究,2009(08):194-206.

[140]黄建辉. "公司+农户"型订单农业供应链融资中的政府补贴机制研究[D]. 华南理工大学,2017.

[141]黄建辉,林强. 保证保险和产出不确定下订单农业供应链融资中的政府补贴机制[J]. 中国管理科学,2019,27(03):53-65.

[142]黄建辉, 叶飞, 周国林. 产出随机及贸易信用下农产品供应链农户决策与政府补偿价值[J]. 中国管理科学, 2018, 026(001):107-117.

[143]蒋伯亨,温涛. 农业供应链金融(ASCF)研究进展[J]. 农业经济问

题,2021(02):84－97.

[144]蒋例利. 新型农业经营主体供给型融资约束形成机理及其破解研究[D]. 西南大学,2017.

[145]蒋和平,尧珏,蒋黎. 新时期我国粮食安全保障的发展思路与政策建议[J]. 经济学家,2020(01):110－118.

[146]姜东晖,王波. 普惠与精准:农业供应链金融的创新发展[J]. 农村经济,2020(05):99－104.

[147]江激宇,张士云,李博伟,丁志超. 种粮大户扩大农地规模意愿存在盲目性吗?[J]. 中国人口·资源与环境,2016,26(08):97－104.

[148]姜杰. 以供应链金融纾困民营经济[N]. 学习时报,2019－12－04(004).

[149]康书生,鲍静海,李巧莎. 外国农业发展的金融支持——经验及启示[J]. 国际金融研究,2006(07):11－17.

[150]科斯著. 盛洪,陈郁译. 论生产的制度结构[M]. 上海:上海三联书店,1994.

[151] 孔晶晶. 供应链金融对中小企业融资约束的缓解作用[D]. 河南大学,2018.

[152] 雷帅. 河南省省直管县改革的效果研究[D]. 河南财经政法大学,2016.

[153] 冷晨昕,陈前恒. 子女数量与老年人幸福感关系研究——基于CGSS2013 的实证分析[J]. 大连理工大学学报(社会科学版),2019,40(05):60－68.

[154] 李光荣. 农业供应链金融信用风险致因研究:系统框架与实证分析——来自黄河中上游五省区的780 份调查数据[J]. 财经理论与实践,2020,41(03):17－24.

[155] 李电生,聂福海. 预售模式下资金约束供应链协调机制研究[J]. 工业技术经济,2019,38(09):113－122.

[156] 李善良. 基于供应链金融视角的中小企业融资问题研究[J]. 苏州大学学报(哲学社会科学版),2012,33(006):130－137.

[157] 刘圻,应畅,王春芳. 供应链融资模式在农业企业中的应用研究[J]. 农业经济问题,2011,32(04):92-98+112.

[158] 李新军,陈亭亭. 供应商资金约束下双渠道供应链融资选择与定价策略——基于期望效用视角的分析[J]. 商业研究,2017,000(007):24-33.

[159] 李欣怡,赵翠萍. 粮食安全视角下种粮大户借贷问题及对策研究——基于河南省27个种粮大户的分析[J]. 地域研究与开发,2019,38(05):131-135+147.

[160] 梁杰,高强. 不同规模农户信贷约束类型及其影响因素实证分析——基于720个农户微观调查数据[J]. 暨南学报(哲学社会科学版),2020,42(06):108-120.

[161] 林雯. 风险导向下A国有企业高管人员经济责任审计流程优化研究[D]. 重庆理工大学,2020.

[162] 刘大鹏,刘颖,陈实. 土地流转、规模经营对农业社会化服务需求的影响分析——基于江汉平原393个水稻种植大户的调查[J]. 中国农业资源与区划,2019,40(01):170-176.

[163] 刘凤芹. 不完全合约与履约障碍——以订单农业为例[J]. 经济研究,2003,(4):22-30.

[164] 刘建徽,张应良. 订单农业模式中主体纵向协作选择行为分析[J]. 农业技术经济,2017(11):104-114.

[165] 刘露,邓伟升,董兴林,李雅婷. 贸易信用交易下的保险投资策略研究[J]. 运筹与管理,2020,29(07):172-179.

[166] 刘清娟. 黑龙江省种粮农户生产行为研究[D]. 东北农业大学,2012.

[167] 刘松涛,罗炜琳,王林萍,林丽琼. 日本农村金融改革发展的经验及启示[J]. 亚太经济,2018(04):56-65.

[168] 刘西川,杨奇明,陈立辉. 农户信贷市场的正规部门与非正规部门:替代还是互补?[J]. 经济研究,2014,49(11):145-158+188.

[169] 刘西川. 实证论文写作八讲[M]. 北京大学出版社,2020.

[170] 刘有贵,蒋年云. 委托代理理论述评[J]. 学术界,2006(01):69-78.

[171] 刘英,慕银平. 存在预售和信用融资的三阶段供应链最优策略[J]. 系统管理学报,2018,27(02):384-392.

[172] 龙晓柏, 龚建文. 英美乡村演变特征、政策及对我国乡村振兴的启示[J]. 江西社会科学, 2018, 000(004):216-224.

[173] 罗小娟,冯淑怡,黄信灶. 信息传播主体对农户施肥行为的影响研究——基于长江中下游平原690户种粮大户的空间计量分析[J]. 中国人口·资源与环境,2019,29(04):104-115.

[174] 罗秀娟,孙凯. 中日农业政策比较及借鉴[J]. 农村经济,2009(05):126-129.

[175] 罗振军. 种粮大户借贷行为及其福利效果研究[D]. 沈阳农业大学,2017.

[176] 罗振军,于丽红. 种粮大户融资需求意愿及需求量的差异分析[J]. 华南农业大学学报(社会科学版),2018,17(03):93-106.

[177] 罗振军,兰庆高. 种粮大户融资路径偏好与现实因应:黑省例证[J]. 改革,2016(06):100-110.

[178] 吕菲. 影响中小企业供应链融资方式选择的因素分析[D]. 浙江工业大学,2012.

[179] 马克思恩格斯全集:第12卷[M]. 人民出版社,1998.

[180] 马克思恩格斯文集:第1卷[M]. 人民出版社,2009.

[181] 马克思恩格斯文集:第7卷[M]. 人民出版社,2009.

[182] 马红坤,毛世平. 日本和欧盟农业支持政策的转型路径比较与启示[J]. 华中农业大学学报(社会科学版),2019(05):46-53+166-167.

[183] 马士华,林勇. 供应链管理[M]. 机械工业出版社,2007.

[184] 马中华, 陈祥锋. 筛选不同竞争类型零售商的贸易信用合同设计研究[J]. 管理科学学报, 2014, 000(010):13-23,94.

[185] 马中华,曾剑明. 预付款融资下基于收益转移支付机制的三级供应链协调问题研究[J]. 工业工程与管理,2015,20(04):92-99.

[186] 宁国强,兰庆高,武翔宇. 种粮大户正规信贷供需规模影响因素及贡献率测度——基于辽宁省582户种粮大户调研数据的实证分析[J]. 农业技术经济,2017(06):88-96.

[187] 牛荣, 张珩, 罗剑朝. 产权抵押贷款下的农户信贷约束分析[J]. 农业经济问题, 2016 (1): 76-83.

[188] 牛影影. 粮食主产区农户耕地保护政策认知对其行为的影响研究[D]. 西北农林科技大学,2018.

[189] 潘永昕,胡之睿. 农业供应链金融风险生成因素探究——基于解释结构模型[J]. 农村经济,2020(07):103-110.

[190] 彭红军,庞涛. 产需不确定下面向资金约束供应商的供应链融资策略研究[J]. 运筹与管理,2018,27(12):10-18.

[191] 彭红军,庞涛. 农业补贴政策下订单农业供应链融资与运作策略研究[J]. 管理工程学报,2020,34(05):155-163.

[192] 彭路. 农业供应链金融风险的主要特征与风险防范的基本原则[J]. 财经理论与实践,2015,36(06):20-24.

[193] 彭路. 农业供应链金融道德风险的放大效应研究[J]. 金融研究,2018(04):88-103.

[194] 彭魏倬加,刘卫柏. 种养专业大户的农村土地经营权抵押融资需求意愿及影响因素——基于湖南4个试点县调查的实证研究[J]. 经济地理,2018,38(12):176-182.

[195] 皮修平,周镕基. 农地流转视阈下新型农业经营主体发展研究——以湖南省为例[J]. 湖南师范大学社会科学学报,2015,44(03):118-123.

[196] 朴英爱,付兰珺. 日本型农业直接补贴政策分析[J]. 现代日本经济,2021(03):59-67.

[197] 平新乔. 微观经济学十八讲[M]. 北京大学出版社,2001.

[198] 普雁翔,张海翔. 粮食安全的公共属性及其政策含义[J]. 农村经济,2012(06):12-15.

[199] 齐春雷. 种粮大户的正规信贷约束:识别、决定因素及影响[D].

沈阳农业大学,2016.

[200] 钱克明,彭廷军. 我国农户粮食生产适度规模的经济学分析[J]. 农业经济问题,2014,35(03):4－7＋110.

[201] 钱佳,王文利. 预付款融资下供应链协调的定价策略[J]. 系统工程,2016,34(07):85－89.

[202] 任建军. 信贷配给理论发展、模型与实证研究[J]. 金融论坛,2009,14(04):21－28.

[203] 任晓娜,孟庆国,李超,张瑞娟,温胜芳. 种粮大户土地规模经营及其影响因素研究——基于安徽等5省的调查数据[J]. 湖南农业大学学报(社会科学版),2015,16(02):12－17.

[204] 任晓娜. 种粮大户经营状况与困境摆脱:五省155户证据[J]. 改革,2015(05):94－101.

[205] 尚强民. 粮食紧平衡认识须长期坚持[J]. 中国粮食经济,2014(04):34－37.

[206] 尚旭东,朱守银. 粮食安全保障背景的适度规模经营突破与回归[J]. 改革,2017(02):126－136.

[207] 沈强. 紧平衡将是我国粮食供求常态[N]. 中国经济导报,2006－12－23(A03).

[208] 申云,李京蓉. 乡村振兴背景下农业供应链金融信贷风险防控机制研究[J]. 金融与经济,2019(02):46－53.

[209] 申云,李京蓉. 农民合作社供应链金融信贷利益联结研究[J]. 农业经济与管理,2020(01):66－77.

[210] 深圳发展银行. 供应链金融:新经济下的新金融[M]. 上海:上海远东出版社, 2009.

[211] 盛劲松. 欧美典型国家农民资金互助组织法律制度及其启示[J]. 世界农业,2017(03):97－102.

[212] 时寒冰,田苗,陈江生. 粮食金融属性增强与我国粮食安全[J]. 中共中央党校学报,2015,19(02):77－82.

[213] 史立刚,彭红军,丛静. 资金约束下订单农业供应链内外部融资策

略研究[J]. 运筹与管理,2020,29(04):62-69.

[214] 宋华. 供应链金融[M]. 北京:中国人民大学出版社, 2015年3月.

[215] 孙会国. 中国上市公司资产流动性研究[D]. 天津大学,2013.

[216] 孙倩,方俊芝,刘志杰. 中国农村金融市场的困境与解决路径[J]. 农村经济与科技,2018,29(01):118-120.

[217] 孙晓杨,郑军. 农业相互保险制度环境的"三重维度"——中国与法国的比较及启示[J]. 中国农村经济,2017(06):84-95.

[218] 陶振. 美国农业保险不当行为治理及其启示[J]. 湖南农业大学学报(社会科学版),2018,19(04):60-66.

[219] 田俊峰,司艳红,王力,汤美仙. 供应链金融的文献回顾与展望:边界、趋势、方法及主题[J]. 供应链管理,2020,1(06):60-76.

[220] 童馨乐,杜婷,徐菲菲,李扬. 需求视角下农户借贷行为分析——以六省农户调查数据为例[J]. 农业经济问题,2015,36(09):89-96+112.

[221] 王剑琪. 我国村镇银行可持续发展的模糊综合评价研究[D]. 吉林大学,2018.

[222] 王晶,毕盛,李芸,吕开宇. 正规信贷约束对农户粮食生产的影响分析[J]. 农业技术经济,2018(05):28-39.

[223] 王敏. 美国农业信贷制度及其经验启示[J]. 理论月刊,2016(05):182-188.

[224] 王力恒,何广文,何婧. 农业供应链外部融资的发展条件——基于信息经济学的数理分析[J]. 中南大学学报(社会科学版),2016,22(04):79-85.

[225] 王力恒."同业监督"视角下农业供应链外部融资的实现机制研究——基于73家农业企业案例[J]. 社会科学,2016(07):39-47.

[226] 王力恒. 农业供应链外部融资的农户信用改进机制研究[D]. 中国农业大学,2017.

[227] 王文利, 郭娜. 考虑道德风险下订单农业供应链融资策略[J]. 系统管理学报, 2020(2):240-250.

[228] 王文利,骆建文．基于价格折扣的供应链预付款融资策略研究[J]. 管理科学学报,2014,17(11):20－32.

[229] 王文利,王筱萍．资金约束零售商的供应链融资策略——贸易信用的缺陷与保险的价值[J]. 经济问题,2018(08):47－52.

[230] 王文涛．确保安全的粮食供求紧平衡研究[D]. 湖南大学, 2013.

[231] 王小华,温涛．金融资本集聚与城乡收入差距:新中国成立70周年的逻辑验证[J]. 农业技术经济,2021(08):4－19.

[232] 王鑫,夏英．日本农业收入保险:政策背景、制度设计与镜鉴[J]. 现代经济探讨,2021(03):118－125.

[233] 王兴业．发达国家农村合作金融风险管理经验及启示[J]. 农村经济,2010(11):122－125.

[234] 王学君,周沁楠．日本农业收入保险的实施:因由、安排与启示[J]. 农业经济问题,2019(10):132－144.

[235] 王宣喻, 储小平．信息披露机制对私营企业融资决策的影响[J]. 经济研究, 2002(10):31－39＋94.

[236] 王勇．东亚农民专业合作经济组织发展:新阶段、新问题与新思路——"东亚农民专业合作经济组织发展模式的困境与出路"国际研讨会综述[J]. 中国农村经济,2011(04):93－96.

[237] 王煜宇．美国《农业信贷法》:法典述评与立法启示[J]. 西南政法大学学报,2017,19(04):63－75.

[238] 王云魁．国际农业发展基金(IFAD)中国农村金融项目转贷模式研究[D]. 新疆农业大学,2009.

[239] 魏昊,李芸,吕开宇,王晶．社会资本能否缓解农户正规信贷需求抑制?——基于4省粮食种植户的实证分析[J]. 中国农业大学学报,2018,23(01):164－177.

[240] 卫荣．我国粮食生产适度规模研究——基于经营主体视角[M]. 经济科学出版社,2017.

[241] 魏英．佛山三水"政银保":8年探索锻造农民融资的"金钥匙"[N]南方日报,2016－8－10.

[242] 温信祥. 日本农村信用担保体系及启示[J]. 中国金融,2013(01):85-87.

[243] 吴本健,王蕾,罗玲. 金融支持乡村振兴的国际镜鉴[J]. 世界农业,2020(01):11-20+57.

[244] 伍戈. 转轨经济中的商业银行特征与货币政策效率[D]. 复旦大学,2004.

[245] 吴明隆. 问卷统计分析实务——SPSS操作及应用[M]. 重庆大学出版社,2010.

[246] 吴一恒,马贤磊,马佳,周月鹏. 如何提高农地经营权作为抵押品的有效性?——基于外部治理环境与内部治理结构的分析[J]. 中国农村经济,2020(08):40-53.

[247] 夏蓓,蒋乃华. 种粮大户需要农业社会化服务吗——基于江苏省扬州地区264个样本农户的调查[J]. 农业技术经济,2016(08):15-24.

[248] 夏蓓. 种粮大户对农业社会化服务的需求及供给状况研究[D]. 扬州大学,2017.

[249] 夏金梅."三农"强富美:美国乡村振兴的实践及其经验借鉴[J]. 世界农业,2019(05):10-14.

[250] 肖国安. 论粮食的属性,特征及安全保障[J]. 经济学动态,2007(6):14-20.

[251] 肖国安. 中国粮食安全研究[M]. 北京:中国经济出版社,2005年8月.

[252] 肖国安,王文涛. 粮食供求紧平衡模型及其指数测算研究[J]. 湘潭大学学报(哲学社会科学版),2011,35(02):47-51.

[253] 肖肖,骆建文. 面向资金约束制造商的双渠道供应链融资策略[J]. 系统管理学报,2016,25(001):121-128.

[254] 谢高地,成升魁,肖玉,鲁春霞,刘晓洁,徐洁. 新时期中国粮食供需平衡态势及粮食安全观的重构[J]. 自然资源学报,2017,32(06):895-903.

[255] 谢家平,董国姝,张为四,杨光. 基于税盾效应的供应链贸易信用

融资优化决策研究[J]. 中国管理科学,2018,26(05):62－73.

[256] 谢江林. 资金约束供应链系统分析与决策[D]. 南昌大学, 2010.

[257] 徐佳良. 美国上市中概股企业回归 A 股的动因,路径及经济后果研究. 华侨大学,2020.

[258] 徐建玲,储怡菲,冯磊. 不同规模农户售粮行为差异及影响因素分析——基于安徽省 320 个农户的调查数据[J]. 农村经济,2018(11):102－109.

[259] 徐俊. 发达国家农村合作金融立法经验及其启示——以美国、德国为例[J]. 农业经济,2015(05):108－109.

[260] 许玉韫,张龙耀. 农业供应链金融的数字化转型:理论与中国案例[J]. 农业经济问题,2020(04):72－81.

[261] 阎竣,陈传波. 推进承包地经营权融资担保的困境与对策——基于承包方、受让方、银行与担保机构的多相关利益主体调研[J]. 农业经济问题,2020(12):109－119.

[262] 燕汝贞,李冉,高伟,吴栩. 供应链融资结构视角下的零售商订购策略研究[J]. 中国管理科学,2019,27(08):162－171.

[263] 杨丹丹,罗剑朝. 农地经营权抵押贷款可得性对农业生产效率的影响研究——以宁夏平罗县和同心县 723 户农户为例[J]. 农业技术经济,2018(08):75－85.

[264] 杨凤梅. 季节性农产品供应链内部融资问题研究[D]. 山东大学,2012.

[265] 杨浩雄,段炜钰. 面向制造商资金约束的绿色供应链融资策略研究[J]. 运筹与管理,2019,28(08):126－133.

[266] 杨军,房姿含. 供应链金融视角下农业中小企业融资模式及信用风险研究[J]. 农业技术经济,2017(09):95－104.

[267] 杨明婉,张乐柱,颜梁柱. 农户家庭信贷规模效应研究:基于交易费用视角[J]. 农村经济,2019(06):91－97.

[268]姚晶,李若愚. 供给侧改革背景下最低收购价政策的现状分析[J]. 农业经济,2020(12):121－123.

[269] 姚增福. 黑龙江省种粮大户经营行为研究[D]. 西北农林科技大学,2011.

[270] 于华江,李欣. 美国农场政策性信贷法律制度的借鉴和启示——基于美国《农业和农村联合发展法案》的研究[J]. 中国农业大学学报(社会科学版),2015,32(03):34-40.

[271] 于丽红. 美国农场信贷体系及其启示[J]. 农业经济问题,2015,36(03):101-109+112.

[272] 余星,张卫国,刘勇军. 基于相对浮动价和政府补贴的订单农业协调机制研究[J]. 管理工程学报,2020,34(03):134-141.

[273] 袁毅. 商业银行应对小微企业融资问题研究[D]. 电子科技大学,2020.

[274] 曾福生. 建立农地流转保障粮食安全的激励与约束机制[J]. 农业经济问题,2015,36(01):15-23+110.

[275] 曾福生,周静. 新常态下中国粮食供求平衡新思路[J]. 农业现代化研究,2017,38(04):553-560.

[276] 占济舟,卢锐. 零售商采购资金约束下供应链融资方式的选择策略研究[J]. 管理工程学报,2016,30(03):106-113.

[277] 占济舟,舒友国. 生产资金约束下供应商融资方式的选择策略[J]. 系统管理学报,2017,26(04):779-786.

[278] 詹学刚. 新常态经济下小微企业融资问题的分析[J]. 现代管理科学, 2016(8期):118-120.

[279] 张冲,王亚仙,韩广华. 基于商业信用的供应商支付策略选择研究[J]. 预测,2019,38(04):90-96.

[280] 张冲,张俊,韩广华. 不同公平偏好下最优订购周期和延迟支付期决策[J]. 系统管理学报,2020,29(01):129-139.

[281] 张晖,吴霜,张燕媛,虞祎. 加入合作社对种粮大户农机投资及服务供给行为的影响分析[J]. 中国农村观察,2020(02):68-80.

[282] 张建军. 两级物流服务商参与的供应链系统最优决策及协调演化机制研究[D]. 北京交通大学,2020.

[283] 张乐柱,杨明婉. 农户正规信贷约束动因:基于交易费用视角[J]. 经济与管理评论,2020,36(02):79-90.

[284] 张磊,罗光强. 粮食规模经营的完全成本分担机制及其政策选择——来自川、湘两省稻作大户的证据[J]. 农村经济,2019(01):60-66.

[285] 张囝囡,杨秀萍. 美国农业保险监管实践及其对我国的启示——基于反作物保险欺诈、浪费与滥用的视角[J]. 山东社会科学,2017(09):126-131.

[286] 张龙耀,王梦珺,刘俊杰. 农民土地承包经营权抵押融资改革分析[J]. 农业经济问题,2015,36(02):70-78+111.

[287] 张乃丽,欧家瑜. 日本工业反哺农业的经济学分析[J]. 现代日本经济,2018(01):10-24.

[288] 张倩月,吕开宇,张怀志. 农地流转会导致土壤肥力下降吗?——基于4省种粮大户测土结果的实证研究[J]. 中国农业资源与区划,2019,40(02):31-39.

[289] 张士云,陈传静,江激宇,鲍静,宋浩楠. 风险效应对种粮大户规模选择行为的影响研究——基于安徽省403个种粮大户调研数据[J]. 华东经济管理,2019,33(05):26-33.

[290] 张士云,李博伟. 种粮大户社会资本、雇佣劳动与生产效率关系研究——基于道德风险的视角[J]. 农业技术经济,2020(04):66-78.

[291] 张新, 罗新星. 损失厌恶型零售商参与的供应链商业信用与收益共享协同研究[J]. 管理学报,2017, 14(005):759-766.

[292] 张新淇. 我国农村金融扶贫法律制度研究[D]. 河南师范大学,2018.

[293] 张维迎. 博弈论与信息经济学[M]. 上海:上海人民出版社,2001.

[294] 张文路. 关于信贷配给理论的文献综述[J]. 宁夏社会科学,2006(03):35-40.

[295] 张义博. 新时期中国粮食安全形势与政策建议[J]. 宏观经济研究,2020(03):57-66+81.

[296]张祎桐．我国保险业微观资金融通功能的实证研究[D]．对外经济贸易大学,2018.

[297]张应良,文婷．现金直补对不同规模种粮大户经营规模的影响有差异吗[J]．农业经济问题,2020(08):54－67.

[298]张元红,刘长全,国鲁来．中国粮食安全状况评价与战略思考[J]．中国农村观察,2015(01):2－14＋29＋93.

[299]赵亮,庄新田,石军．预付款融资下基于改进收益共享与回购联合契约的双渠道供应链协调研究[J]．运筹与管理,2018,27(03):159－167.

[300]赵亮,庄新田．基于预付款融资的双渠道供应链协调研究[J]．统计与决策,2020,36(02):169－173.

[301]赵将,张蕙杰,段志煌．美国农业风险管理政策体系构建及其应用效果——兼对2018年美国新农业法案动向的观察[J]．农业经济问题,2019(07):134－144.

[302]赵晓洁．农村民间金融发展法制环境的完善探索[J]．农业经济,2013(01):94－96.

[303]赵学军．华北农户借贷渠道变迁之管窥——基于“无锡保定农村调查”系列资料(1930－2010)的分析[J]．中国经济史研究,2013(04):128－139＋176.

[304]中国人民银行西安分行课题组．订单农业合同履约率影响因子的Logistic实证研究－基于陕西381个订单农户的样本[J]．当代经济科学,2014,(3):118－128.

[305]钟腾,吴卫星,玛西高娃．金融市场化、农村资金外流与城乡收入差距[J]．南开经济研究,2020(04):144－164.

[306]周波,万小兵．国外农业合作社发展模式探析[J]．江西农业大学学报,2009,8(1):68－72.

[307]周波．种粮大户水稻播种面积优化问题实证分析——基于江西省619户样本数据[J]．农业技术经济,2010(04):120－127.

[308]周建军,陈琦,吴莎．农村土地信托流转对中国粮食生产的影响研究——基于湖南省益阳市案例的分析[J]．财经理论与实践,2017,38(03):

135 - 139.

[309] 周静,曾福生. 农业支持保护补贴的政策认知及其对满意度的影响研究——基于湖南省419个稻作大户的调查[J]. 农村经济,2019(04):88 - 94.

[310] 周静,曾福生. "变或不变":粮食最低收购价下调对稻作大户种植结构调整行为研究[J]. 农业经济问题,2019(03):27 - 36.

[311] 周淑景. 法国农业公共支持的变化趋向及其启示[J]. 农业经济问题,2009,30(12):95 - 100.

[312] 周振,伍振军,孔祥智. 中国农村资金净流出的机理、规模与趋势:1978 - 2012年[J]. 管理世界,2015(01):63 - 74.

[313] 朱雷,王国红,王聪. 不同融资模式下"公司 + 农户"订单农业供应链运营决策[J]. 工业工程与管理,2019,24(05):16 - 21 + 31.

[314] 朱丽娟,王志伟. 黑龙江省种粮大户的技术效率及其影响因素[J]. 资源科学,2018,40(08):1583 - 1594.

[315] 朱新法. 弱抵押,让农民"死资产"活起来[N]. 新华日报,2016 - 03 - 09(008).

[316] 朱信凯,于亢亢等[M]. 未来谁来经营农业:中国现代农业经营主体研究[M]. 北京:中国人民大学出版社,2015.

[317] 朱学新. 法国家庭农场的发展经验及其对我国的启示[J]. 农村经济,2013(11):122 - 126.

[318] 朱颖. 我国粮食生产组织形式创新研究[D]. 西南财经大学,2012.

[319] 邹建国,李明贤. 农业供应链金融视角的农户信用增进研究[J]. 财经理论与实践,2019,40(06):32 - 38.

附录
湖南省种粮大户融资现状调查问卷

尊敬的各位种粮大户：

您好！

截至2017年底，全省流转耕地30亩以上的种粮大户达到17.6万户，其中500亩以上2239户，1000亩以上1019户。种粮大户流转耕地面积达到1566.4万亩，所产粮食占到全省总量的“半壁江山”，种粮大户产出的商品粮占到全省商品粮的95%以上①，成为确保国家粮食安全的核心力量，而且规模化生产将成为今后粮食生产的主要组织形式，但是种粮大户“融资难、融资贵、融资慢”问题比较突出，为调动种粮大户的种粮积极性，切实解决“融资难、融资贵、融资慢”问题，我们编制了这份种粮大户融资现状调查问卷。本问卷采取匿名方式作答，所有回答并无好坏对错之分，请根据您的想法和做法进行填写。我们将遵照《统计法》的相关规定，对您的信息进行保密。您的参与对我们非常重要，衷心感谢您的参与，感谢您的合作！

湖南科技大学粮食安全课题组

1. 您的地址［填空题］

____________市____________县____________镇（乡）__________村

2. 您的基本情况（说明：包括选择与填空题，未注明的选择题默认为

① 数据来源于湖南省农业农村厅。

单选题）

性别	（　　）A. 男 B. 女	中共党员	（　　）A. 是 B. 否
当地人	（　　）A. 是 B. 否	子女务农意向	（　　）A. 愿意 B. 不愿意
家庭总人口＿＿＿＿＿人，劳动力＿＿＿＿＿人，务农＿＿＿＿＿人			
文化程度	（　　） A. 小学以下　B. 小学　C. 初中　D. 高中或中专　E. 大专或本科以上		
年龄	（　　） A. 30 岁以下　B. 30－39 岁　C. 40－49 岁　D. 50－59 岁　E. 60 岁以上		
主体身份	（　　）备注：可多选 A. 农民　B. 个体经商户　C. 工商企业从业人员　D. 村干部		
培训经历	（　　）备注：若选 B，请填写后面两个空 A. 没参加过培训 B. 参加过培训，参加培训＿＿＿次，平均每次培训时间＿＿＿天		
社会关系	（　　）备注：可单选可多选 A. 有亲朋好友任职金融部门　B. 有亲朋好友任职政府部门 C. 有亲朋好友担任村干部，与村干部关系好		
经济主体	（　　） A. 家庭农场　B. 粮食合作社　C. 专业大户 D. 农业企业　E. 其他		
离市（县、镇）中心的距离	（　　）备注：以离市（县、镇）中心的距离最近的为准 A. 2 公里以内　B. 2－5 公里　C. 5－10 公里 D. 10－20 公里　E. 20 公里以上		
种植面积	（　　）备注：按国家农业农村部规定，种粮大户种植规模一般南方每户 30 亩以上、北方每户 100 亩以上。 A. 30－100 亩　B. 100－300 亩　C. 300－500 亩 D. 500－1000 亩　E. 1000－3000 亩　F. 3000 亩以上		
地区自然环境	（　　） A. 山区　B. 丘陵　C. 湖区/平原		
员工平均文化程度	（　　） A. 小学以下　B. 小学　C. 初中　D. 高中或中专　E. 大专或本科以上		
资本金出资形式	（　　）备注：如您的经济主体是合作社或者企业请填写 A. 个人出资　B. 社员土地入股/股份制　C. 上市公司		

生产经营决策形式	(　　　　) A. 负责人独自说了算　B. 自主决策并咨询外部专家　C. 领导骨干共同决定 D. 召开社员大会决策　E. 召开股东大会决策　F. 其他
种植作物	(　　　　) 备注：可单选可多选 A. 水稻　B. 玉米　C. 薯类　D. 豆类　E. 其他

3. 您的土地情况

土地来源/成本/期限	自家承包地______亩 短期流转______亩，成本______元/亩，期限_____年 长期租赁______亩，成本______元/亩，期限_____年 其他情况______亩，成本______元/亩，期限_____年
土地流转期限	1－2年______亩　3－5年______亩 5－10年______亩　10－20年______亩 20－30年______亩　30年以上______亩
土地复种情况	复种指数______%。例如您全部土地都种双季稻，则复种指数为200% 注：复种指数＝全年播种（或移栽）作物的总面积÷耕地总面积×100%
土地流转费用及成本分析	流转最低价______元/亩；流转最高价______元/亩； 流转平均价______元/亩；土地流转成本占总成本______%
您对降低土地流转成本的建议意见	(　　　　) 备注：可单选可多选 A. 创新补贴机制，按照“谁种粮、谁受益”原则，将政府的种粮补贴补到粮食生产上 B. 设立种粮大户专项补贴资金，鼓励多种粮、种好粮 C. 政府搭建规范的土地流转交易平台 D. 政府要完善土地流转的相关法律法规，规范土地流转程序与行为 E. 给予种粮大户流转的土地给予政府补贴 F. 其他（请补充）________________

4. 您近 3 年的粮食产量及单位面积产量（单位：吨）

年份	粮食产出	粮食单位面积产量
2017		
2018		
2019		

5. 您家近 3 年基本经营情况（单位：万元）

年份	总收入	总负债	总利润	总支出	生活性消费支出	农业生产资料支出	农业生产性服务支出
2017							
2018							
2019							

注：农业生产性服务包括以下活动：农作物耕种防收等环节需要的各种服务、种子种苗、病虫害防治、代耕代种代收、大田托管、农机作业、维修及租赁服务、烘干及仓储、物流、营销、信息服务等。

6. 当前您家主要资产的估值为（单位：万元）

资产	房屋	牲畜	农机具	农业设施	金融资产	交通设备	其他
价值							

7. 您上一年的经济损失情况（单位：万元）

	病虫害	自然灾害	意外损失	市场波动
损失				
通过政府补贴、农业保险等措施减少的损失				

8. 您的种粮投资意愿、行为及影响因素（说明：包括选择与填空题，未注明的选择题默认为单选题）

愿意长期投资农业	（　　） A. 是　B. 否
投资农业是因为有财政补贴	（　　） A. 非常同意　B. 比较同意　C. 一般 D. 比较不同意　E. 非常不同意
即使无财政补贴也愿意投资农业	（　　） A. 非常愿意　B. 愿意　C. 一般　D. 不愿意　E. 非常不愿意
土地流转期限对您的投资意向和投资选择的影响	（　　） A. 很有影响　B. 有影响　C. 一般　D. 比较没有影响　E. 没影响
粮价是影响您种粮积极性的最重要因素	（　　） A. 非常同意　B. 比较同意　C. 一般　D. 比较不同意 E. 非常不同意
投资来源结构	累计投入______万元； 其中：自有资金投入______万元；财政投入______万元； 银行贷款______万元（贷款利率______%）； 民间借贷______万元（贷款利率______%）； 社员入股______万元（备注：如您的主体是合作社形式，请填写） 其他______万元
国家最低收购价政策影响您的种粮意愿及行为	（　　） A. 非常影响　B. 影响　C. 一般　D. 不影响　E. 非常不影响
您担心未来财政补贴被取消吗	（　　） A. 非常担心　B. 担心　C. 一般　D. 不担心　E. 非常不担心
如果财政补贴被取消，您觉得农业投资利润	（　　） A. 有大量利润　B. 有一些利润　C. 盈亏平衡　D. 有一些亏损 E. 有大量亏损
您倾向于选择的农业投资期限	（　　） A. 3 年以内　B. 3－5 年　C. 5－10 年　D. 10－30 年　E. 30 年以上

您选择短期投资的原因（3 年以内）	（　　　）注：可多选 A. 农业受灾风险大　B. 土地流转期限短　C. 融资难　D. 市场销售不稳定　E. 劳动力招工难　F. 农业投资回报率低　G. 农业技术缺乏　H. 财政补贴周期短　I. 其他______
您选择中长期投资的原因（3 年以上）	（　　　）注：可多选 A. 土地流转容易　B. 市场销售容易　C. 农业投资回报率高　D. 农业投资回收期长　E. 农业融资容易　F. 农业生产公共基础设施条件好　G. 有良好的的农业生产性社会化服务　H. 能获得相关农业品牌　I. 财政补贴时间长、力度大　J. 乡土情怀　K. 其他______
您的投资用途	（　　　）注：可多选 A. 标准农田建设　B. 农机具购置　C. 种子、农药与化肥等生产资料购买　D. 农业人工支出　E. 产品包装与品牌建设支出　F. 农产品营销支出　G. 农业生产性社会化服务购买　H. 土地流转支出　I. 修建仓库　J. 育秧大棚建设　K. 农业新技术推广与应用　L. 其他______

9. 您的粮食市场销售情况

销售地区	市场销售渠道	品牌建设情况	市场销售难度	销售形态	品牌宣传渠道
(　　) 注:可多选 A. 本地___% B. 本县___% C. 本市___% D. 本省___% E. 省外___% F. 国外___%	(　　) 注:可多选 A. 未种粮农户___% B. 农贸市场自销___% C. 合作社销售___% D. 粮食加工企业___% E. 粮食经纪___% F. 电商平台___% G. 超市___% H. 食堂/餐饮店___% I. 国家粮库___%	(　　) 注:可多选 A. 有机农产品认证___% B. 绿色农产品认证___% C. 特优农产品认证___% D. 无公害农产品认证___% E. 产品地理标识认证___% F. 无任何品牌认证___%	(　　) 注:单选 A. 很困难 B. 比较困难 C. 一般 D. 比较容易 E. 十分容易,供不应求	(　　) 注:可多选 A. 收割后直接销售___% B. 收割后晾晒/烘干后销售___% C. 收割后晾晒/烘干后自行仓储,待价格合适再销售___% D. 粗加工后销售___% E. 深加工后销售___%	(　　) 注:可多选 A. 网络平台___% B. 纸质媒体___% C. 口碑宣传___% D. 户外广告___% E. 其他占比___%

10. 当前支持种粮大户发展的政策存在的问题

财政支农政策	（　　　）注：可多选 A. 财政补贴力度不够　B. 财政补贴种类过多，太过分散　C. 粮食直补政策不合理　D. 财政贴息范围太小　E. 财政支持农业生产性社会化服务力度不够　F. 财政对农业基础设施投入不足　G. 财政与金融支农政策配合不够　H. 国家最低收购价太低　I. 其他（请补充）________
信贷支农政策	（　　　）注：可多选 A. 信贷额度太小　B. 贷款期限太短　C. 贷款手续繁琐　D. 贷款抵押物要求太高　E. 贷款利率过高　F. 贷款品种太少　G. 贷款机构太少 H. 其他（请补充）________
担保政策	（　　　）注：可多选 A. 政策性担保规模较小，大部分种粮大户享受不到　B. 担保手续繁杂 C. 其他（请补充）________
农业保险政策	（　　　）注：可多选 A. 农业保险品种太少　B. 农业保险费率太高　C. 农业保险补贴不足 D. 农业保险手续繁琐　E. 农业保险条款难以读懂　F. 政策性农业保险发展不足　G. 农业保险与农业信贷配合不足　H. 农业保险机构太少 I. 其他（请补充）________
农业土地政策	（　　　）注：可多选 A. 土地经营权缺乏权证，难以抵押融资　B. 土地流转成本逐渐增加 C. 缺乏正规的土地流转市场　D. 对新型农业经营主体的土地流转权益保护缺乏　E. 对土地高效利用缺乏考核机制 F. 其他（请补充）________

11. 财政、金融服务的方式及满意度（说明：包括选择与填空题，未注明的选择题默认为单选题）

接受的财政补贴	(　　　) 注：可多选 A. 种粮补贴　B. 农资综合补贴　C. 良种补贴　D. 农机具补贴　E. 农业基础设施建设补贴　F. 农业生产性社会化服务购买补贴　G. 农业贷款贴息　H. 农业保险保费补贴　I. 信贷担保费补贴　J. 产粮大县奖励　K. 种粮大户专项扶持资金　L. 土地流转费补贴　M. 轮作休耕补贴　N. 防灾救灾补贴　O. 其他（请补充）＿＿＿＿＿＿＿＿
财政服务满意度	(　　　) A. 非常满意 B. 比较满意 C. 一般满意 D. 比较不满意 E. 非常不满意
接受的金融服务	(　　　) 注：可多选 A. 信用贷款 B. 城镇房屋/门面抵押贷款　C. 农房抵押贷款 D. 土地经营权抵押贷款　E. 林权抵押贷款　F. 担保贷款 G. 农业保险　H. 股票/债券　I. 其他（请补充）＿＿＿＿＿＿＿＿
金融服务满意度	(　　　) A. 非常满意　B. 比较满意　C. 一般满意　D. 比较不满意　E. 非常不满意
您对国家财政金融支农政策有何建议	(　　　) 注：可多选 A. 提高国家的粮食最低收购价 B. 扩大种粮财政贴息范围 C. 培育、扶持农业生产性社会化服务龙头企业 D. 加大农业基础设施投入 E. 财政与金融支农政策要紧密配合 F. 推行"政银保担"组合融资模式 G. 增加种粮政策性担保额度 H. 为种粮大户购买保险或给予相应补贴 I. 精简相关办理手续 J. 搭建土地流转交易平台，建立健全土地流转相关的法律法规，切实降低土地流转成本 K. 为种粮大户购买农业生产性社会化服务给予一定补贴 L. 建立健全粮食融资担保体系 M. 创新补贴机制，按"谁种粮、谁受益"原则，将政府的种粮补贴补到粮食生产上 N. 设立种粮大户专项补贴资金，鼓励多种粮、种好粮 O. 其他（请补充）＿＿＿＿＿＿＿＿＿＿＿＿

12. 您家近 3 年是否贷到过款，如是请填写以下表格

年份	2018 年	2019 年	2020 年
融资类型			
是否需要担保（填“是”或者“否”）			
申请贷款额（万元）			
获批额（万元）			
贷款期限（年）			
利率			
贷款来源			
选择原因			
从申请到贷款发放的时间（天）			
贷/借款用途			
是否有借款合同或借据，填“是”或“否”			
是否需要抵押物			
您的抵押物			
是否需要担保服务			
担保人			
您家与借款人或贷款机构的距离（公里）			
来回跑的趟次（趟）			
每趟用时（天）			
从申请到放贷的时间（天）			
交通费（元）			
请客送礼费（元）			
信息费（元）			
手续费（元）			
是否按期归还			
未按期归还的原因			
偿还资金来源			

注：融资类型：1. 供应链融资 2. 土地经营权贷款 3. 信用贷款 4. 担保贷款 5. 抵押贷款 6. 其他

贷款来源：1. 农业商业银行 2. 农村信用社 3. 小额贷款公司 4. 供应链核心企业或上下游企业

5. 民间金融机构，如高利贷 6. 亲朋好友

选择原因：1. 自身优势 2. 利率低 3. 贷款期限灵活 4. 贷款门槛低 5. 自己不太了解，跟随其他人操作 6. 其他

贷/借款用途：1. 流转更多土地 2. 购买或租赁农机具 3. 购买农资 4. 排灌水利、机耕道等基础设施建设 5. 投资粮仓及烘干设施 6. 购买农业生产性服务 7. 生活性消费 8. 其他

抵押物：1. 房屋 2. 土地经营权 3. 农机具 4. 未来种植收入 5. 其他 6. 无

担保人：1. 亲朋好友 2. 乡村干部 3. 农业政策性担保机构 4. 企业 5. 其他 6. 无

未按期归还的原因：1. 项目失败 2. 没有足够的流动资金 3. 家庭有意外支出 4. 别人都不还 5. 不知道还要还 6. 其他 7. 无

偿还资金来源：1. 借款收入 2. 种粮收入 3. 打工收入 4. 自家存款 5. 非农项目收入 6. 其他 7. 尚未还款

13. 您的融资情况及影响（说明：未注明的选择题默认为单选题）

您目前有融资意向吗	（　　）　A. 有　B. 无
您目前开始融资了吗	（　　）　A. 是　B. 否
融资渠道	（　　）注：可多选 A. 正规金融机构贷款　B. 小额贷款公司　C. 网络借贷　D. 民间借贷 E. 供应链融资　F. 亲朋好友　G. 其他（请补充）________
当前融资需求	（　　） A. 5 万元以下　B. 5－30 万元　C. 30－50 万元　D. 50－100 万元 E. 100－300 万元　F. 300－500 万元　G. 500 万元以上　H. 暂无融资需求
期望贷款期限	（　　） A. 6 个月以内　B. 6 个月到 1 年　C. 1－3 年　D. 3－5 年 E. 5 年以上
贷款用途	（　　）注：可多选 A. 平整土地 B. 灌溉水利设施建设 C. 田间道路和机耕道建设 D. 粮仓建设 E. 购买生产资料 F. 购买农机具 G. 租赁农机具 H. 购买农业生产性服务 I. 生活性支出或其他
对进一步缓解“融资难、融资贵、融资慢”，您最希望	（　　）注：可单选或多选 A. 降低贷款门槛　B. 降低贷款利率　C. 缩短贷款审批时间 D. 政府给予贴息补贴　E. 政府给予保险费用补贴或为农业保险买单 F. 政府提供政策性担保　G. 其他（请补充）________
“融资难、融资贵、融资慢”给您造成的影响	（　　） A. 难以满足生产需要 B. 出现周转资金困难 C. 不能扩大生产规模 D. 其他（请补充）________
您认为 2020 年“融资难、融资贵、融资慢”问题	（　　） 注：如选择 C，则不需回答接下来的 2 道题 A. 明显改善 B. 有所改善 C. 没什么变化 D. 有所恶化

您认为 2020 年以来“融资难、融资贵、融资慢”问题改善的主要原因	(　　　　) 注：多选，如上题选择“A. 明显改善 B. 有所改善”，请回答该题 A. 利率降低 B. 贷款金额提高 C. 贷款办理手续更加便利 D. 贷款相关成本减少　E. 其他（请补充）＿＿＿＿＿＿＿＿
您认为 2020 年以来“融资难、融资贵、融资慢”问题恶化的主要原因	(　　　　) 注：多选，如上题选择“D. 有所恶化”，请回答该题 A. 利率上升 B. 贷款金额下降 C. 贷款办理手续更加繁琐 D. 贷款相关的费用增加 E. 资金向优质企业倾斜 F. 金融机构只选择向有抵押物的企业贷款 G. 其他（请补充）＿＿＿＿＿＿＿＿

14. 您享受的担保服务情况

您是否享受湖南省农业信贷融资担保有限公司（简称“湖南农担”）的信贷担保服务	（　　） A. 所有信贷融资全部享受省农担担保服务，贷款额________万元，担保率______% B. 部分信贷融资享受省农担担保服务，贷款额________万元，担保率______% C. 完全没享受省农担担保服务
过去 3 年未获得湖南农担担保服务的原因	（　　） A. 未申请　B. 申请了但提交材料不齐全没审批通过 C. 过往征信记录较差　D. 其他（请补充）________________
对湖南农担担保服务政策的了解	（　　） A. 非常不了解 B. 比较不了解 C. 一般 D. 比较了解 E. 非常了解
您对农业融资担保有什么建议	（　　）注：可多选 A. 通过各种渠道加大基层宣传力度，让种粮大户了解湖南农担的担保服务政策 B. 建立覆盖省、市（州）、县（市）三级的完善的政策性粮食担保体系 C. 降低享受担保服务的门槛　D. 政府为种粮大户提供担保费用补贴 E. 鼓励社会资本参与农业融资担保业务　F. 增加政策性担保额度 G. 其他（请补充）________________

15. 农业供应链金融（融资）开展情况

您对粮食供应链是否了解	(　　) A. 了解，粮食供应链就是粮食从生产、流通到消费所有过程形成的网链结构　B. 不了解
您所在的粮食供应链是否稳定	(　　) A. 稳定　　B. 不稳定
您对农业（粮食）供应链金融（融资）了解吗?	(　　) A. 完全不了解　B. 听说过　C. 了解　D. 非常了解并应用过 注：供应链金融是一种集物流运作、商业运作与金融管理为一体的管理和过程，将买方、卖方、第三方物流及金融机构紧密联系在一起。其中，供应链融资是供应链金融最基础的功能，本研究中供应链金融即为供应链融资。供应链融资包括外部融资和内部融资两种情形，外部融资是指供应链上下游成员向银行提出贷款时以供应链核心企业的信用为担保；内部融资是指供应链成员向上下游企业进行融资，包括预付款、延迟支付等形式。
您了解农业（粮食）供应链金融的途径	(　　)注：可单选或多选 A. 从未接触过这一概念 B. 从亲朋好友处获悉 C. 广播、电视或网络 D. 政府宣传 E. 金融机构人员宣传 F. 其他渠道
您认为当地农业（粮食）供应链金融业务开展是否积极	(　　) A. 非常不积极　B. 比较不积极　C. 一般 D. 比较积极　E. 非常积极
您是否愿意选择供应链融资模式来融资	(　　) A. 是　B. 否
您所在的粮食供应链上，供应链成员是否会支持预付款或者延期付款服务	(　　) A. 是　B. 否

农业（粮食）供应链融资的利润分配方式	（　　　） A. 种粮大户获取自身活动的收益 B. 种粮大户有最低利益保障 C. 有特定的收益共享合作机制 D. 其他（请补充）＿＿＿＿＿＿
您是否与粮食供应链下游企业（如大型粮食加工企业、食堂、饭店等）签订订单合同	（　　　） A. 全部　　B. 部分　　C. 没有
如签订了订单合同，价格如何确定方式	（　　　）备注：如未签订，则跳过该题 A. 以市场价格为基础，若低于最低收购价则按最低收购价收购 B. 一起协商确定价格 C. 其他（请补充）＿＿＿＿＿＿
供应链下游核心企业是否会对您进行产前培训或指导	（　　　） A. 是　　B. 否
供应链下游核心企业是否会对您进行技术指导	（　　　） A. 是　　B. 否
供应链下游核心企业是否会定期或不定期检查您的生产过程	（　　　） A. 是　　B. 否
供应链下游核心企业是否会提出关于产品与规格要求	（　　　） A. 是　　B. 否
供应链下游核心企业是否会为您提供市场价格及供需信息	（　　　） A. 是　　B. 否

供应链融资风险的承担方式	(　　　) A. 农户承担全部风险 B. 农户承担生产风险，供应链下游核心企业承担大部分市场风险 C. 供应链下游核心企业承担全部风险 D. 其他（请补充）________
您生产过程中如何应对风险	(　　　) A. 购买农业保险　　B. 加强管理和监督 C. 其他（请补充）________
您认为粮食供应链金融的开展政府参与是必须的吗？	(　　) A. 是　B. 不确定　C. 否
违约如何处理	(　　) A. 按约定的违约条款处理　B. 法律诉讼　C. 其他方式
若签订了订单合同，您遇到过的履约情况	(　　　) 注：可单选或多选 A. 按订单合同履约，占比____% B. 市价 > 合同价，种粮大户违约，占比____% C. 市价 < 合同价，下游企业压价或拒收，占比____% D. 因产品质量、规格不符合规定，占比____% E. 其他，占比____%
您对发展农业（粮食）供应链融资的建议意见	(　　　) 注：可多选 A. 培育、扶持农业生产性社会化服务龙头企业 B. 建立合理的风险共担和收益共享机制 C. 推行“政银保担”组合融资模式 D. 为种粮大户购买农业生产性社会化服务给予一定补贴 E. 建立完善粮食担保体系 F. 其他（请补充）________

后 记

本书是在我的博士论文基础上修订完成的。在求学和工作的过程中，我的导师、领导们和亲朋好友们都给予了我很多无私的帮助和大力支持，在本书出版之际，特向他们表示诚挚的感谢。

感谢我的导师肖国安教授，在我求学与工作的过程中，老师一直尽心尽力地引导和支持我。老师德才兼备，学识渊博，常常以身作则教导学生努力探索，用实际行动为学生做示范。犹记得2017年的师门会议，老师指着一大摞打印资料给我们看并讲“这是我申报国家社科重大与重点项目时的看过的资料，为参加课题答辩做了2大本笔记”；2018年老师组织开会指出“读书无捷径，但有方法”。老师告诫学生“搞学术、做科研要踏踏实实，不要想着走捷径”，学生铭记于心。2022年年初，在我重入职场之际，老师一直关注学生的工作进展，耐心询问关于课题申报事项，在得知我还没定题目的情况下，当即对照我的博士论文题目和申报指南给我拓展延伸拟出两个题目，并叮嘱我初稿完成后及时汇报交流。在此，谨向老师致以崇高敬意和衷心感谢。

感谢我的硕士导师李胜教授，是您引领我进入学术的殿堂，研究生入学之初，您着手指导我们如何跟进研究进展，告诉我们所在学科哪些期刊是重点要跟进的，同时鼓励我们带着批判性思维去阅读大量国内外重要期刊的相关文献，同时，一周一次例会与博士师兄们一起汇报学习进展，使得我的学术思维得到了锻炼，让不知者无畏的我在工作3年后一头扎进深造的学术深海后有了发力的后劲。

感谢所有被本书引用的文献作者们，是你们的研究成果为本书提供了参考和借鉴。感谢湖南省农业农村厅种植业处与省内14个市（州）农业农村局种植业科，在我们对全省62个种粮大县进行问卷调查时给予的支持与帮助，感谢接受调研的各位种粮大户。

感谢我的先生凌启辉，我们相识于2003年，相伴于2012年，一路走来，风雨同舟，你在我离职求学期间给我安稳的大后方，在我难过时给我依靠，在我取得一点成绩时为我欢欣鼓舞，同时也时常以身作则鼓励我努力。感谢我的两个孩子，你们给我的生活增添了很多乐趣和色彩，也带给了我无限的奋斗动力。感谢伯伯伯母对我们小家庭的支持和帮助，你们时常关心我的学业与工作进展，理解我的不易，为我学业与工作中取得哪怕是丁点成绩都由衷开心。最后要感谢的，也是最重要的，是我的父母和公公婆婆，父母因家境贫寒，成绩优异却错失学习机会，你们的人生中经历了很多坎坷和磨难，但你们没有自怨自艾，而是深信读书可以改变命运，再苦再累也要供三个子女上学，你们不卑不亢，努力奋斗，克服了很多常人难以克服的困难，终为子女们打拼出了一片天地，父母的格局、胸怀和品德，让我敬佩，父母的言传身教给予了我敢想敢做敢拼的力量；我的公公婆婆，无怨无悔地帮我们照看孩子们，让我能够心无旁骛地专注于学习与工作，感恩遇见你们。

最后，特别感谢湖南科技大学商学院的领导和同事们对我的关心和帮助，谢谢你们让我拥有一个轻松愉快的工作环境。

工作期间，我有幸获得国家社会科学基金项目（22BGL174）的立项支持，本书为该基金阶段性成果。感谢湘潭大学出版社，感谢出版社姚海琼老师为本书的出版付出大量心血与努力。

罗迎

2023年5月于湖南科技大学

图书在版编目（CIP）数据

种粮大户供应链融资机制及实现路径研究 ：以湖南省为例 / 罗迎著 . -- 湘潭 ：湘潭大学出版社，2023.10
ISBN 978-7-5687-1239-2

Ⅰ. ①种… Ⅱ. ①罗… Ⅲ. ①农业金融—供应链管理—融资制度—研究—湖南 Ⅳ. ① F323.9

中国国家版本馆 CIP 数据核字 (2023) 第 166601 号

种粮大户供应链融资机制及实现路径研究——以湖南省为例

ZHONGLIANG DAHU GONGYINGLIAN RONGZI JIZHI JI SHIXIAN LUJING YANJIU

——YI HUNANSHENG WEILI

罗迎 著

责任编辑：姚海琼
封面设计：于 扬
出版发行：湘潭大学出版社
社 址：湖南省湘潭大学工程训练大楼
电 话：0731-58298960 0731-58298966（传真）
邮 编：411105
网 址：http://press.xtu.edu.cn/
印 刷：长沙印通印刷有限公司
经 销：湖南省新华书店
开 本：710 mm×1000 mm 1/16
印 张：13
字 数：207 千字
版 次：2023 年 10 月第 1 版
印 次：2023 年 10 月第 1 次印刷
书 号：ISBN 978-7-5687-1239-2
定 价：52.00 元